지극히
짧고도
사소한
인생 잠언

SEISHINKAI TOMY GA OSHIERU
1BYO DE FUAN GA FUKUTOBU KOTOBA
by SEISHINKAI TOMY

지극히
짧고도
사소한
인생 잠언

마흔, 후회 없는 삶을 위한 처방

정신과 의사 토미 지음

RITEC CONTENTS

차 례

Chapter 2

인간관계는 사실 개선되지 않아도 괜찮아요

Chapter 3

사실 진짜 고민해야 할 일은 그리 많지 않아요

Chapter 4

강해지는 방법은 집착을 줄이는 거예요

| 시작하며 |

저는 토미라고 합니다. 정신과 의사이자 컬럼니스트죠.

저는 다른 사람들에게 도움을 줄 수 있는 글들로 트위터를 시작해 보자고 생각했고, 그때 떠올린 것이 바로 "지극히 짧고도 사소한 인생 잠언"이었습니다. 정신과 의사의 일은 질병을 진단하고 필요한 약물치료를 하는 것이 기본이죠. 최대한 많은 환자에게 효과적인 조언을 해주고 싶지만, 환자와 면담 시간은 한정되어 있었습니다. 하지만 트위터를 이용하면 제 진료의 일부분을 더 많은 사람에게 전할 수 있을 것 같았습니다.

소재는 풍부했습니다. 저는 15년이 넘게 수많은 환자를 진찰하면서 고민을 완화하는 데 효과가 좋은 문장들을 많이 발견했습니다. 그리고 그 말을 꾸준히 메모해 왔습니다. 그 말들은 힘든 시기를 겪었던 저에게도 큰 힘이 되어주었습니다. 그리고 이 노트를 사용해 트위터를 시작했죠.

노트에 적힌 글들을 업로드하자 저의 트위터 팔로워는 급격히 늘어났습니다. 팔로워 수가 늘어날수록 더 다양한 소재를 찾을 수 있었고, 팔로워들과 소통하니 하고 싶은 말도 넘쳐났습니다. 3,000명이었던 팔로워가 10만 명을 넘었고요.

이 책은 그동안 환자들을 상담하면서 경험한 정서적 치료방법과 트위터 글에서 엄선한 "지극히 짧고도 사소한 인생 잠언"들을 모았습니다. 어떤 팔로워로부터는 "잠들기 전에 토미 선생님의 글을 여러 번 읽고 싶어요."라는 말을 듣기도 했습니다. 그 말에 용기를 얻어 제 글을 책이라는 형태로 출간한 거죠.

잠들기 전이나 잠에서 깬 아침, 일이 힘들 때마다 언제든지 여러 번 읽어보세요. 조금이라도 당신의 기분이 나아진다면, 저는 정말로 기쁠 거예요.

정신과 의사 토미

지극히 짧고도 사소한 인생 잠언

Chapter 1

다른 사람을 실망시켜도 괜찮아요

001

Tomy's Voice

내려놓기

스트레스를 줄이는 단 하나의 방법은
'내려놓기'입니다.

집착을 내려놓고, '이래야만 해.'라는 생각을 접어두고, 다른 사람을 조종하고 싶은 마음을 내려두세요.

내려둘 수 있는 것들은 많습니다.

내려놓을수록 마음은 편안해지죠.

그렇게 내려놓다 보면 마지막에는 내려놓기 어려운 것만이 남습니다. 이것이 살아가는 이유입니다.

002

Tomy's Voice

시선

다른 사람들의 시선은 신경 쓸 필요 없습니다.
내가 하고 싶은 대로 하면 언젠가는
누군가에게 실망을 줄 수도 있습니다.

그러나 제일 중요한 것은 나 자신이 내린 결정에 대해 후회하지 않는 것입니다.

나를 제일 이해하지 못하는 사람들이 나에게 가장 비판적이기 마련이에요.

그러니 그들의 비난은 신경 쓰지 않아도 됩니다!

003

Tomy's Voice

과장

갓작스럽게 호의를 보이는 사람은
"갑작스럽게 싫어지는"
경우가 많으니 주의하세요.

이런 사람들은 처음에 이상적인 모습을 너무 과장되게 표현해서 중간에 환상이 깨지고 싫어지는 경우가 많습니다. 이것은 그들의 과장된 태도 때문이라고 할 수 있죠.

따라서 그들에게 너무 의지하지 않고 처음에는 가만히 지켜보는 것이 좋습니다. 그러나 가끔은 이런 사람들과 어울리면 서로의 단점을 보완해 줄 수 있는 친구가 되기도 합니다.

004

Tomy's Voice

침묵

말을 많이 해서
스스로를 깎아내리는 것보다
오히려 침묵으로 나를 감출 때
더 큰 힘을 발휘할 수도 있습니다.

어떤 사람을 설득하거나 협상을 할 때 최대한 상대방의 말을 많이 듣는 것이 좋아요.

상대방의 말을 많이 들을수록 상대방을 더 많이 알 수 있기 때문이죠.

묵묵히 들으며 상대방이 진정으로 원하는 것을 찾아낸다면 당신이 원하는 바를 제대로 얻을 수 있을 것입니다.

005

Tomy's Voice

다가올 일

불안해지기 쉬운 사람일수록,
다가올 일을 더 생각하는 경향이 있습니다.

다가올 일은 아직 결정되지 않았기 때문에, 불안하게 생각하면 얼마든지 불안해질 수 있습니다.

하지만 한 번 돌아보세요. 지금까지 되는 대로 살아온 것이잖아요. 이후에도 되는 대로 흘러갈 테니까 괜찮습니다.

006

Tomy's Voice

지침

정신적으로 지치면
지금까지 신경 쓰이지 않던 것들이
거슬리게 됩니다.

뇌에는 필요하지 않은 정보를 차단하는 "방파제"와 같은 기능이 있습니다. 하지만 이 기능은 정신적으로 지쳐 있을 때는 작동하지 않아요. 예를 들면, 타인의 시선이나 부정적인 뉴스 때문일 수 있습니다.

불필요한 정보를 흘려 버리지 못하면 지쳐 있다는 증거예요.

007

Tomy's Voice

혼자

혼자만의 시간을 가져야
스스로를 제대로 볼 수 있습니다.

타인과 자주 어울리면 오히려 객관적인 시각이 떨어지기도 합니다. 혼자 있으면 '나는 누구인가?', '무엇을 해야 하는가?' 같은 질문들이 떠오를 것입니다. 그리고 그에 대한 고민은 살아가는 힘이 됩니다.

차분하게 혼자만의 시간을 즐겨 보세요.

008

Tomy's Voice

기대

분노라는 것은,
'상대방이 기대한 대로 되지 않았다.'라고
생각할 때 나타나는 것입니다.
그러니 기대하지 않으면
분노하지 않게 됩니다.

그렇게 생각하면 하나씩 보이는 게 있습니다.

기대하는 것은 좋지 않아요.

현명한 사람은 기대하지 않고, 그저 있는 그대로를 보려고 노력합니다.

009

Tomy's Voice

자아 긍정감

자아 긍정감을 향상시키는 방법은,
자신의 부족한 부분을 다른 사람으로
채우려 하지 않는 것입니다.
크게 노래해도 좋고,
요가를 하거나 공부를 하거나
여행을 해도 좋습니다.

자신만의 생각이나 시도는 괜찮지만, 다른 사람으로 부족한 부분을 메워서는 안 됩니다. 그렇게 되면 끝이 없어지기 때문이에요.

010

Tomy's Voice

가고 싶은 곳

가고 싶은 곳은
가고 싶어졌을 때
가는 게 좋습니다.

'여유가 되면 가야지.'라고 생각하면, 그때는 더 이상 가고 싶지 않을 수 있습니다.

마음이 원할 때 가면 큰 깨달음이 있을 거예요. 장소뿐만 아니라 만남도 같은 논리니까요.

011

Tomy's Voice

판단력

우수한 사람은
"판단력"이 뛰어납니다.

무엇이든지 우수하다고 해서 다 잘하는 것은 아닙니다. 그 대신, 자기에게 필요하지 않은 것들을 빠른 판단력으로 처리할 수 있습니다.

그 결과로, 자기 능력과 하고 싶은 것들을 최적화할 수 있죠. "다른 사람들을 따라서 그냥 하는 것"은 정말 필요한 것일까요?

012

Tomy's Voice

가치관

가치관은 다양한 입장, 생각, 사고가
얽혀서 만들어진 것입니다.

가치관은 마치 생물처럼 시간과 함께 변화하죠. 그러니 한 가지 가치관으로 사람들을 판단하는 것은 상처를 줄 수 있습니다. 유연한 가치관으로 살아가야 해요.

013

Tomy's Voice

홀로서기

인생에서 가장 큰 위험을 피하는
한 가지 방법은 '특정 인간관계에
완전히 의존하지 않는 것'입니다.

어떤 좋은 인간관계라도 쉽게 끊어질 수 있다는 긴장감을 유지하는 것이 좋습니다. 마치 가늘고 팽팽한 피아노 줄처럼요.

평생 이어지는 관계는 절대적이지 않습니다.

014

Tomy's Voice

요구

상대와의 관계가 불안정해지면
상대방에게 무언가를 요구하기
시작하지는 않았는지 확인해 보세요.

처음에는 함께 있기만 해도 즐거웠는데, 무의식중에 무언가를 요구하기 시작하면 관계가 나빠지는 경우가 많습니다.

요구하는 것을 그만두면 관계를 개선할 수 있습니다. 받고 싶은 것보다 줄 수 있는 것이 무엇인지 생각해 보세요.

015

Tomy's Voice

무관심

만약 누군가에게 큰 상처를 받았다면,
상대방을 '이 정도밖에 안 되는 사람이구나.'
라는 생각으로 냉정하게 바라보세요.

분노와 눈물을 차갑게 식혀서 차분한 시선으로 바라보세요.

그 사람은 아무 가치도 없는 사람입니다. 그렇게 하면 무관심해질 수 있습니다.

만화로 보는 Tomy
1
자기긍정이란...
자기긍정이란
"스스로 자신을
인정하는 것"이에요
걸작이다!
그러니까
의미가 있어요
멋지다~
나 천잰가 봐~
찰칵
찰칵
"타인에게 자신을
인정받는 것"이 아니에요
너구리
TANUKI
다들 이거 봐봐!
칭찬해 줘!
게시
그걸 요구하는 것은
너구리
TANUKI
다들 이거 봐봐!
칭찬해 줘!
15시간 전
좋아요 0건
너구리님에게 좋아요! 요청이 왔습니다
어떻게 보면
정반대인 행동이죠

016

Tomy's Voice

브레이크

아무리 좋아하는 일이나 공부라도,
한 번에 다 해 버리면 안 됩니다.
브레이크를 걸지 않으면
뇌가 한계를 넘어버릴 거예요.

진짜 우울증은 바로 이럴 때 생깁니다.

지칠 때, 귀찮아질 때, 꾸물거리고 싶을 때도 필요한 일이기 때문에 지금껏 억지로 해 온 거죠.

이 정도면 충분했습니다. 앞으로는 하고 싶지 않은 마음은 신이 주신 브레이크라고 생각해 보세요.

017

Tomy's Voice

친구

친구는 항상 함께 있지 않아도
차가워지지 않는 사람을 말합니다.

친구란 멀리 있어도 만나고자 하면 서로 일정을 맞춰주는 사람입니다. 어려운 일이 있을 때 이야기를 들어주고, 도와주려고 노력하는 사람. 그런 사람이죠.

018

Tomy's Voice

싸움

"이왕 벌어진 일은 적극적으로 대처해야 한다."
라는 말이 있지만, 싸움에는
적극적으로 대처하는 것은 좋지 않습니다.

그 이유는, 싸움을 거는 사람이 당신이 싸움에 대응하는 것만으로도 어떠한 이득을 얻을 것이기 때문입니다.

하지만, 당신에게는 싸움에 대응하더라도 어떤 이득이 전혀 없을 거예요. 그 싸움은 일방적으로 강요되는 것일 수도 있으니, 최대한 무시하고 지나가는 게 좋아요.

019

Tomy's Voice

자기 잣대

자기 잣대에 맞추세요.
상대방이 불성실하다고 해서,
자신도 불성실해져도 괜찮다고
생각하면 안 됩니다.

상대방이 불성실하더라도, 자기 잣대는 변하지 않아야 합니다. 기준을 잘 판단하고 나서 상대가 여전히 불성실하다고 생각되면 그때는 상대를 떠나는 게 좋아요.

불성실한 상대에게 가장 성실한 행동은, 그들이 자신에게 미치는 영향을 최소화하는 것이니까요.

020

Tomy's Voice

소중한 사람

당신을 소중히 여기는 사람은
달콤한 말을 내뱉는 사람도,
상냥하게 대해주는 사람도 아닙니다.

당신을 대체할 수 없는 존재로 대해주는 사람입니다.

당신이 불안해하지 않도록 도와주는 사람이죠.

021

Tomy's Voice

자기 비하

자기 비하에 빠진 분께.

진정한 바보는, 스스로를 되돌아보거나 반성하지 않는 사람입니다.

돌아볼 줄 아는 당신은 결국 훨씬 멋있는 존재입니다.

022

Tomy's Voice

걱정

미래에 대한 불안감이 없어지지 않는다면
이렇게 생각해 보세요.

1. 대부분의 일은 어떻게든 됩니다.

2. 어떤 일도 해결할 수 없다고 느껴질 때가 인생의 전환기입니다. 새로운 일을 시작해 보세요.

대부분은 1번의 경우일 것이고, 가끔은 2번의 경우일 뿐이니 걱정할 필요가 없습니다.

023

Tomy's Voice

컨디션

열이 나거나, 나른하다면
'몸 상태가 안 좋은 걸까?'라고 생각하고
그냥 뒹굴뒹굴하세요.

마음에도 "컨디션"이라는 게 있습니다.
어떤 일을 생각해 낼 때
평소보다 작은 일이 더 걱정될 때
감정의 기복이 클 때
이런 상황에서는 뒹굴뒹굴하면 조금 나아질 거예요.

024

Tomy's Voice

실행

고민이 많은 이유는 하고 싶은 말이나,
하고 싶은 일을 참지 못하고
억압되는 경우가 많기 때문입니다.

하지만 생각만 하고 실천하지 않는다면 잊힐 수도 있으니 하고 싶은 것이라면 일단 해봐야 합니다. 지친 상태에서는 삶의 의미에 대해 지나치게 고민하지 말고 자기가 하고 싶은 대로 살아가세요.

025

Tomy's Voice

삶의 의미

제3자의 시선으로 자신의 인생을
바라볼 필요는 없습니다.
벌레처럼 살아가도 괜찮습니다.

어떻게 살아갈지 걱정하지 말고 즐겁게 날아다니세요.

삶의 의미라는 것은 결국 스스로가 만들어내는 것입니다.

026

Tomy's Voice

나쁜 말

잘 생각해 보면
타인을 나쁘게 말하지 않아도
잘 살아갈 수 있습니다.

실험을 해보세요.

누군가를 나쁘게 말하고 싶을 때, 대신 그 사람을 칭찬해 보는 것입니다.

이것을 계속하면, 그 사람을 더 이상 생각하지 않게 될 것입니다.

색다른 행동으로 생각을 바꿔보세요.

027

Tomy's Voice

고난

어려움을 이겨낸 사람은 성숙해집니다.
어려움을 겪으면서 인격이 성장할 수 있습니다.

사람에게는 부정적인 것을 긍정적인 것으로 바꾸는 힘이 있습니다.

이것은 누구에게나 갖추어져 있는 힘입니다.

자각하지 못했을 수도 있지만, 지금 힘든 상황이라도 언젠가 보상받을 때가 올 거예요.

028

Tomy's Voice

상대

사람이라는 존재는
의외로 자주 변합니다.
특히 함께하는 상대에 따라 변합니다.

그러니 "이 사람과 함께하는 내가 좋아."라고 말할 수 있는 사람과 함께 있는 것이 좋습니다.

029

Tony's Voice

함께

언제나 함께해 주는 사람은 소중합니다.

물론 항상 함께하는 만큼 불만이 생길 수도 있습니다. 하지만 항상 함께해 줌에 늘 감사해야 합니다.

030

Tomy's Voice

배제

**만약 동료들에게 배제당하면,
'아, 이 모임은 내 스타일이 아니었구나.'라고
생각해 보세요.**

동료들에게 배제당하는 것도 누구나 한 번쯤은 겪을 수 있는 일입니다. 게다가, 이 모임의 리더도 다른 환경에서는 어떻게 될지 모르는 일이죠.

031

Tomy's Voice

보상병

'보상병'이라는 병이 있습니다.
"내가 이것을 해줬는데 상대방은 내게
그만큼을 안 해줬어!"라고 느끼는 병입니다.

이는 무의식적으로 상대방으로부터 보상을 받기를 바라는 것이므로, 상대방도 피곤해집니다. 더불어 자신도 불필요한 스트레스를 안고 살게 되죠.

눈앞의 보상을 고려하지 말고, 일단 상대방에게 친절하고 배려하는 것이 중요합니다. 호의를 먼저 베풀어보세요.

TOMY의 상담실

직장에 성향이 맞지 않는 사람이 있어요. 그녀는 항상 자신이 옳다고 생각하고 동료들을 나쁘게 말하고 제 인격을 부정해요. 생각이 맞지 않는데도 강제로 동의를 얻으려고 해요. 어떻게 대처하면 좋을까요? 상담을 원합니다. _43세, 여성

어차피 아무것도 할 수 없으니, 아무것도 하지 마세요

그런 사람들은 듣는 귀가 없습니다. 그냥 인정받기를 원하는 것일 뿐입니다. 당신에게 인정받고 싶어 말을 건네오겠지만, 상대방은 생각을 바꿀 마음이 전혀 없어요. 아마 당신이 회사 전체를 울릴만한 감동적인 연설을 해도 효과가 없을 거예요.

그러니 차분하게 당신의 일을 하고, 상대방과 말싸

움은 하지 마세요. 당신의 동의를 구하러 온다면, 그냥 "그래."나 "음." 같은 적당한 대답으로 스트레스받지 않는 선에서 대응하면 됩니다. 당신이 하나도 관심이 없다는 걸 알아차리면, 상대방도 곧 지루해져 당신에게 더 이상 아무 말도 하지 않을 겁니다.

언젠가는 상대방이 당신에 대한 나쁜 소리를 할 수도 있습니다. 어쩌면 이미 했을 수도 있고요. 하지만 이 부분은 각오해야 합니다. 상대방의 의미 없는 말들은 주위 다른 사람들도 신경 쓰지 않을 테니까요. 나쁜 소리를 듣게 된다고 해도 상처받을 일이 아니니 걱정하지 마세요.

이 사람을 변화시키는 것은 불가능합니다. 그러니 아무것도 하지 말고 내버려두세요. 바다에 있는 불가사리처럼 말이죠. 먹을 수도 없고, 먹어봤자 맛없는 존재입니다. 당신의 에너지를 낭비하지 마세요. 설득할 가치가 있는 사람을 위해 에너지를 아끼세요. 어차피 아무것도 할 수 없으니, 아무것도 하지 마세요.

032

Tomy's Voice

비난

누군가 타인을 비난하고 있을 때는
'이 사람은 시간이 많은가 봐.'라고
생각하고 지나가세요.

보통의 사람들은 자기 일만으로도 벅차 합니다. 자기 일로 가득 찬 일상을 보낸다는 사실은 자신에게 충실하다는 것이죠. 이러한 태도는 이기적인 것이 아닙니다.

033

Tomy's Voice

공격

마음을 평온하게 유지하는 원칙은 "공격하지 않는다."와 "공격적인 사람에게 가까이 가지 않는다."입니다.

왜냐하면, 당신이 공격하더라도 상대방이 바뀌지 않을 것이기 때문입니다. 공격은 필요 없는 수단입니다. 오로지 대립적으로 응수하며 마음을 어지럽히기만 할 뿐이죠.

이 두 가지만 지켜도 마음은 훨씬 평온해집니다.

034

Tomy's Voice

지나침

놀랍게도 대부분의 친절한 사람들이
친절할 수 있는 이유는,
"화나는 원인이 극히 적기 때문"입니다.

즉, 친절함이 살아남기 위한 기술이 된 것입니다. 화가 나더라도 당신에게 큰 영향을 주지 않는 것들은 그냥 지나치세요. 지나칠 수 있는 것들이 늘어날수록 친절해집니다.

035

Tomy's Voice

좋은 면

무엇이든 자유롭게, 본래의 자신을
드러내는 것만이 능사는 아닙니다.
좋은 면만을 드러내면 됩니다.

모든 것을 이해받으려고 자신의 부정적인 면까지 보여준다면, 타인은 "보여줘도 괜찮아."라고 말할지도 모르지만, 당신에 대한 부정적인 면이 점차 확대되어 나타날 수도 있습니다. 이것이 무서운 점이에요.

036

Tomy's Voice

타인

다른 사람들의 일에
신경 쓰지 않는 방법은, 역설적이지만
"신경 쓸 만한 사람을 선택하는 것"입니다.

당신의 상황을 잘 이해하는 사람, 당신을 진지하게 대해주는 사람, 사려 깊은 사람, 성실한 사람. 이러한 사람이야말로 신경 쓸 가치가 있는 사람이에요.

그러나 주변에는 이런 사람이 의외로 많지 않죠. 그러니 신경 쓸 사람을 선택하고, 그 사람의 행동만 확인하세요.

037

Tomy's Voice

대단한 사람

어린 시절에는 "잘하는 사람",
"우수한 사람"이 대단하다고 생각했습니다.

그러나 최근에는 "변함없이 함께할 수 있는 사람", "항상 차분한 사람"을 대단하다고 생각합니다. 나이를 먹고 원하는 것이 점차 변해가요.

038

Tomy's Voice

미래

불안해지면 생각을 그만해도 괜찮습니다.

현재를 개선하려 노력하면 미래는 자연스럽게 나아지니까요. 행복해 보이는 개와 고양이는 아마도 미래에 대해 생각하고 있지는 않을 거예요. 그러니 좋아하는 일만 생각해 보세요.

039

Tomy's Voice

좋아하는 일

싫어하는 일이 생각날 때는
좋아하는 일을 생각해 보세요.

시간은 한정되어 있어서, 좋아하는 일만 생각해도 하루가 끝날 수 있어요. "오늘도 좋아하는 일과 좋아하는 사람을 생각하며 멋진 하루를 보냈다!"라고 말해 보세요.

040

Tony's Voice

자존감

인기 있는 사람이
될 필요는 없습니다.

오히려 자존감이 있는 사람은, 외부의 평가나 인기에 상관없이 당당하게 행동합니다.

자신 그대로 있어도, 누구로부터도 주목받지 않아도 어떠한 불안도 없이 안정적인 상태로 있을 수 있는 것이죠.

이것이 진정한 자존감입니다.

041

Tomy's Voice

거부

거부당해도
당신이 잘못한 것이
아닐 수도 있습니다.

대부분 상대방에게는 당신이 불편한 존재이기 때문에 거부하는 거예요.

상대방의 말과 행동을 그대로 받아들이지 않아도 좋아요.

042

Tomy's Voice

좇지 않는 방법

감정이나 집착을
좇지 않는 방법은 이렇습니다.

일단 자신의 기분을 놓아버리는 거예요.

"오, 지금 살짝 삐죽거리고 있네."

"오, 지금 내가 자신을 부정적으로 생각하고 있구나."

다른 사람의 문제처럼 바라보고 그냥 내버려 두세요. 익숙해지면 여러 가지 생각이 사라지는 것을 느낄 수 있을 테니까요.

043

Tomy's Voice

이기적 용서

우리가 용서하는 이유는
우리 자신과 자신의 건강을 위함입니다.

나쁜 감정은 쉽게 잊히지 않고 다시 다른 상대에게 표출됩니다. 이런 악순환은 인간관계에 금이 가게 하고, 스스로를 갉아먹게 하죠. 해결책은 오직 용서밖에 없습니다.

용서는 자신의 병을 치료하기 위한 약이에요.

044

Tomy's Voice

마음과 뇌

저는 환자에게 마음을 설명할 때,
"뇌 기능의 문제"라고 말하고 있습니다.

그게 더 정확한 표현이라고 생각하기 때문이죠.

"마음의 질병"이라는 표현은 조금 무감각한 느낌이 들어서 그렇습니다.

마음은 마음의 병으로 묶이지, 질병이나 정상 같은 분류로 묶이지 않는 것 같아요.

045

Tomy's Voice

분노

분노하기 위해서는
에너지를 사용해야 합니다.
"상대방을 바꾸는 것이 가치 있는 일이라면
분노해도 괜찮습니다."라는 시각으로
대처하는 것이 좋아요.

화는 분명히 받아들이고 자기를 바꿀 수 있는 상대방에게 사용해야 해요. 그렇지 않으면 어차피 소용없어요.

046

Tomy's Voice

비교

세상에 존재하는 것은
자신의 인생뿐입니다.
타인의 인생은 살아볼 수도 없고,
전체적인 내용도 모르는 것이 대부분입니다.

극단적으로 말하면 환상 같은 것이죠. 그렇기 때문에, 타인의 인생과 자신의 인생을 비교하는 건 무의미하고 어리석은 짓이에요.

힘내서 자신의 인생에 집중해 보세요. 집중.

047

Tomy's Voice

안락

인생의 공통된 목표는
"마음을 안정시키는 것"이 아닌가요?

외부적인 목표는 각양각색이지만, 그 내용은 결국 "마음을 안정시키는 것"이라고 생각합니다.

다만, 의식하지 않으면 외부적인 목표에 신경 쓰다 마음의 안정에서 멀어질 수 있어요. 조심하세요.

만화로 보는 Tomy
#2
마음이 맞지 않는 사람이란…
마음이 맞지 않는
사람이 있죠
이유도 없지만
어째선지
당신에게도
스트레스고
상대에게도
스트레스가 돼요
NG
그런 사람과
무리해서
어울리지
않아도 괜찮아요
NG
예의 바르게
대하는 것만으로
충분해요
마음이 맞지 않는다는 걸
인정하는 것도
상대방을 존중하는 거예요

지극히 짧고도 사소한 인생 잠언

Chapter 2

인간관계는 사실 개선되지 않아도 괜찮아요

048

Tomy's Voice

설정

건강한 관계란
“자신의 마음을 충족시키고
상대방의 마음도 충족시킬 수 있는 관계”입니다.

상대방이 기뻐하면 자신도 기쁘고, 자신이 기쁘면 상대방도 기쁘죠. 상대방을 기쁘게 하기 위해 당신이 참아내야 한다면 불건전한 관계가 됩니다. 이러한 관계를 방치하면 서로 상처를 입을 수 있으니, 처음에 관계를 잘 설정하는 것이 중요해요.

049

Tomy's Voice

수긍

다른 사람의 말이
조금 답답하게 느껴져도
흘려보내세요.

서툴러서 말을 제대로 못 하는 사람도 있습니다. 매번 답답함을 느낄 때마다 당신의 친절함이 사라질 수 있어요. 상대방을 수긍하고 답답해하지 않는 것도 중요해요.

050

Tomy's Voice

커뮤니케이션

커뮤니케이션 능력이 뛰어난 사람이
좋은 사람이 아닐 수도 있습니다.

물론 능력이 뛰어난 것은 좋지만, 인간관계의 좋고 나쁨과는 별개의 문제입니다. 가장 위험한 것은 악의를 커뮤니케이션 능력으로 둔갑시키는 사람이에요. 구분하는 방법은 말이 아니라 행동으로 판단하는 거예요.

051

Tomy's Voice

부정

자신의 의견을 부정당하는 것에도
익숙해져야 해요.

다른 사람과 의견이 다르다는 것은 당연한 일이기 때문에, 그런 것으로 화를 내면 에너지가 고갈됩니다. 자신의 의견을 부정당하는 것과 자신을 부정당하는 것은 다르기 때문에 주의해야 해요.

052

Tomy's Voice

행동

우리의 뇌는 가끔 부정적 지배를 받습니다.
하지만 긍정적인 생각에 집중하는 훈련으로
충분히 긍정적 행동을 만들 수 있습니다.

"행동을 바꾸면 그에 따라 감정도 변합니다. 그러니 감정을 바꾸고 싶다면 행동을 바꾸면 되는 거죠."

여러 가지 행동을 바꿔가며 내 감정이 가장 안정되는 지점을 찾아보세요.

053

Tomy's Voice

산다는 것

문제가 하나도 없어야 할 것 같은데,
어딘가 억압된 기분이거나,
막연한 불안을 느끼는 당신에게.

그건, 지금의 당신이 만족하지 못하고 있어서가 아니에요.

어떤 풍요로운 환경이 되어도 그런 기분이 들 수 있으니까요.

"진짜 나 자신"을 찾아야 할 필요도 없어요.

살아가는 건 그런 거죠.

054

Tomy's Voice

소중한

"내가 중요하게 대우받는 걸까."라는 불안감이 들 때, 결론은 "중요하게 대해주는 사람을 선택하는 것"입니다.

마음이나 우주 같은 거대한 단어로 감싸지 않아도, "중요하게 대해주고 있다."라고 말해 주는 사람이 분명히 있을 거예요.

당신을 중요하게 생각한다는 건, 데이트 때 매혹적으로 대해준다거나 말을 달콤하게 하는 것이 아니라, 단지 당신에게 성실하게 대해주는 사람인가에 대한 문제입니다.

055

Tony's Voice

망설이지 않기

망설이지 마세요.
남들이 뭐라고 생각할지 걱정해서 미루다가
내가 하고 싶은 일을 못 하는 경우가 있어요.

이럴 때는 고민하지 말고 바로 해야 해요. 내가 하려는 일이 마음에 들지 않는 사람도 있을 수 있지만, 마음에 드는 사람도 분명히 있어요.

그러나 당신의 주변에는 마음에 들어 하는 사람들만 모일 것이기 때문에, 걱정할 정도로 큰 문제는 일어나지 않을 거예요.

056

Tomy's Voice

차이

우리는 가까운 사람과 함께할 때
편안함을 느낍니다.
그래서 나와 생각이 비슷한 사람과
어울리는 것을 좋아합니다.

나와 다른 사람의 전부를 이해하는 일은 쉽지 않아요. 서로의 차이점을 존중할 수 있는 사람은 좋은 사람이고, 더 좋은 사람은 나와 전혀 다른 것을 적극적으로 찾고 수용하는 사람이에요.

057

Tomy's Voice

연결

친구는 만나는 게
제일이 아닐 수도 있습니다.

전화하는 게 최고인 친구,
LINE에서 대화하는 게 최고인 친구,
SNS에서 소통하는 게 최고인 친구도 있어요.

만나서 흥을 돋우는 게 아니더라도, 즐겁게 연결되어 있는 친구라면 그것도 친구입니다.

058

Tomy's Voice

싫어하는 사람

싫어하는 사람에게 공격당하면
기분이 상하겠지만,
싫어하는 사람을 좋아하는 척하는 것이
더 어려워요.

그러니 이런 상황들이 정상적인 상황이라고 생각하세요.

신경 쓰지 마세요.

059

Tomy's Voice

친절함

다른 사람에게 친절한 이유는
상대방을 위한 것만이 아닙니다.
당신의 마음도 친절해질 수 있게 됩니다.

친절하기 때문에 친절하게 할 수 있는 거예요. 친절한 행위를 하면 친절해질 수 있어요.

060

Tomy's Voice

울음

눈물의 힘은 큽니다!
싫은 일이 있어도
기분 좋게 정리할 수 있게 합니다.

눈물과 함께 흘러가니까요. 우는 사람은 나약한 사람이 아닙니다. 오히려 강한 것이죠. 울었을 뿐이에요.

"잘 울 수 있는 나는 강하기 때문에 괜찮아."

그리고 휘파람을 불면 됩니다.

061

Tomy's Voice

시간의 복수

현재의 모습은
과거의 연장선입니다.

지금 힘든 시간을 보내고 있다면, 과거의 시간이 여러분에게 복수하는 것이지요.

이제는 당신이 못다 한 것까지 힘껏 복수하세요.

미래는 지금보다 확실히 달라져 있을 것입니다.

062

Tomy's Voice

보물

"무엇을 하는가"보다
"누구와 함께하는가"가 중요합니다.

최고의 보물은 어려운 상황도 멋진 순간으로 만들어줄 사람이니까요. 그런 사람을 주변에서 만나면 돼요.

063

Tomy's Voice

아군

혼자 힘들게 싸우고 있다고 느낄 때도,
당신을 지켜보는 사람도 있습니다.

말할 수 없는 지지나 응원은 종종 눈에 띄지 않을 수 있어요. 하지만 직설적인 사람들은 자신의 의견을 곧잘 내뱉는 경우가 있죠. 그들은 "다른 사람들도 이렇게 생각하고 있다."라며 자기 의견을 부각하기도 해요.

그렇지만 자신만의 신념을 가지고 조용한 지지를 믿고 계속 나아가보세요.

064

Tomy's Voice

낭비

결과적으로 아무 소용 없는 사람과
오랜 시간을 보내는 경우도 있습니다.
하지만 그 시간을 시간 낭비로 생각하지 마세요.

그때는 좋은 사람이라고 생각했고, 즐거운 순간도 있었을 거예요.

마지막으로 인생의 수업을 받았다고 생각해 보세요.

인생에는 헛된 순간이 없어요!

065

Tomy's Voice

고생

화사하게 웃는 그 사람이,
당신보다 더 슬퍼해 본 적이 없다고
어떻게 확신할 수 있을까요?

사람은 자신의 고생을 드러내지 않습니다.

타인의 고생은 볼 수 없어요.

삶은 웃기도 하고, 울기도 하며, 크레이프 케이크(층층이 쌓인 케이크)처럼 쌓여 이루어져요.

그래서 맛있는 거예요.

066

Tomy's Voice

신뢰

신뢰한다는 것은 상대방에게 의존하는 것이 아니라, "이 사람을 신뢰할 수 있다."라는 자신의 결심에 책임을 지는 것입니다.

다른 사람을 믿으려면 먼저 자신을 믿어야 해요.

만화로 보는 Tomy
#3
그날의 멋진 추억은...
사람은 변하고
나의 생각도 변해요
타도! 개!
원숭이! 용서 못 해!
그래도
그날의 멋진 추억은
당신이 잊지 않는 한 변하지 않아요
이후에 무슨 일이 일어나더라도 그날 느낀 건 부정하지 않아도 돼요
타도! 개!
그런 추억을 늘리면서
우리는 살아가는 거니까요

067

Tomy's Voice

판단

자신이 약해졌다고 느낄 때,
중요한 것은 혼자서 판단하지 않는 것입니다.

판단하는 일은 많은 에너지가 필요하기 때문이죠. 약해진 상태에서 판단할 경우 더욱 취약해질 수 있으며, 그 결과 나쁜 상황을 불러일으킬 수도 있습니다.

약해진 상태에서는 기본적으로 모든 것을 미루고 휴식을 취해야 합니다.

068

Tomy's Voice

덕(德)

더 나은 인간관계를 위해서는
더 나은 행동을 해야 합니다.

예를 들어, 누군가에게 이용당하거나 속았다 해도, 당신의 덕은 마이너스가 되지 않습니다. 그저 비열한 상대방의 덕만이 상실될 뿐이죠.

069

Tomy's Voice

리셋

인생은 게임과 다르게
다시 시작할 수는 없는 것 같아요.

하지만 그건 거짓말이에요. 몇 번이라도 다시 시작할 수 있어요.

얼굴을 씻고 '아, 새롭게 태어났다.'라고 생각하고, '내일부터 다시 시작하자.'라고 생각해 보세요.

시간은 다시 되돌릴 수 없겠지만, 삶의 방식은 언제든지 바꿀 수 있습니다.

070

Tomy's Voice

친소관계

사람 사이는 계속 이어지는 것이
더 이상한 것 같아요.

어릴 때부터 친한 친구일지라도 갑자기 안 맞을 수 있습니다.

우리는 모두 변화하기 때문에, 맞지 않게 되는 부분이 생겨나는 건 어쩔 수 없는 거예요.

몇 년 동안 관계가 끊어졌다가 갑자기 다시 가까워지기도 하니까, 너무 신경 쓰지 않아도 괜찮아요.

071

Tomy's Voice

자기방어

다른 사람을 상처 주는 말을 하는 사람들은
단순히 자신을 방어하고 있을 뿐입니다.
자신을 방어하기 위해
공격이 최선이라고 생각하는 거죠.

상상해 보면 "다가오지 마!"라고 말하면서 칼을 휘두르고 있는 느낌이랄까요.

보통 그런 사람을 보면 어떤 생각이 드나요? 가까이 가고 싶지 않죠.

그런 사람에게는 동일하게 대응해도 괜찮습니다.

072

Tomy's Voice

과거

과거는 잊어버리세요.
과거를 잊을 수 없다면
현재와 미래를 우선으로 생각하고,
시간이 남으면 생각하세요.

현재와 미래를 우선으로 생각하면, 과거에 대해서까지 신경 쓰지 않게 될 거예요. 그렇게 될 거예요.

과거를 잊을 수 없다면, 우선순위를 잘못 정하고 있는 거예요.

073

Tomy's Voice

손해

'몸 상태가 안 좋을 때는
일에 관해 생각하지 말아야 한다.'라는
생각을 지니고 다니는 게 좋습니다.

몸 상태가 안 좋을 때 머리를 쓰면, 어쩔 수 없이 부정적으로 생각하게 되니까요.

이때 하는 생각들은 사실 진정한 나의 판단이 아니기 때문에 기분만 나쁘게 하는 '손해'가 될 수 있어요.

074

Tomy's Voice

삶

나와 다른 사람들의 삶은 다릅니다.

하지만 같은 공간에 있다는 이유로 함께 있는 사람들과 같은 토양에서 자란 것 같은 착각에 빠질 수 있어요. 그건 큰 오해예요. 전혀 의미 없는 거예요. 걱정하지 않아도 괜찮습니다.

075

Tomy's Voice

고독

모두가 죽을 때는 혼자입니다.
그러니까 혼자 있는 것에
익숙해지는 것이 좋습니다.

익숙해진다는 것보다는 긍정적으로 고독을 받아들이세요. 마음껏 자신만의 환경을 만들고, 여유롭게 생각하며, 누구에게 책임지지 않아도 됩니다. 그것이 고독이죠.

멋진 시간입니다. 혼자가 아닐 때도 즐겁고, 고독도 즐겁습니다. 둘 다 최고죠.

076

Tomy's Voice

동료

직장에서 좋은 인간관계는

서로 일하기 편한 관계이고,

사적으로도 친한 관계여야 한다고 생각합니다.

하지만 "자주 술자리에 가는 사이"는 아니어야 해요.

오히려 그런 유흥에 노력을 기울이면 일하기 어려워질 수도 있으니까요.

077

Tomy's Voice

자기 효능감

자기를 인정하기는 어려울 수 있습니다.
그러나 최종적으로는 살아 있는 것만으로도
대단한 일이라고 생각해요.

살아가는 것은 여러 가지를 처리하면서 균형을 잡아가며 어려움 속에서 버티고 있는 것이니까요.

상사에게 혼나고, 가사와 육아를 잘하지 못하고, 노력이 결실을 보지 못해도 최선을 다하고 있으니까 대단한 거예요.

078

Tomy's Voice

꿈

꿈은 이루어질 수 있는 시기가 있어요.
그러니까 너무 미친 듯이
그 꿈을 좇는 것은 필요하지 않고,
그렇다고 포기할 필요도 없어요.

왜냐하면 당신이 그린 그대로 꿈이 이뤄질 수도 있지만, 형태가 바뀌어서 당신에게 맞게 이뤄질 수도 있기 때문이죠.

079

Tomy's Voice

인간다움

사람들은 성공한 일을 쉽게 잊고,
성공하지 못한 일만
기억하는 경향이 있습니다.

그래서 의식적으로 생각하지 않으면 부정적인 감정이 나타날 수밖에 없어요. 성공하지 못한 일을 안고 있는 것도 괜찮다고 생각해요. 그것이 당신만의 독특한 모습을 만들어내는 일이기 때문이죠.

그렇게 끙끙대고 있어도 괜찮습니다. 그것이 바로 인간다운 모습이라고 할 수 있어요.

080

Tomy's Voice

풍요로움

풍요는 '생활 수준'으로 결정되는 것이 아니라 '감성 수준'이라고 생각합니다.

고급 제품으로 둘러싸여 있더라도 매일 지루해 보이는 사람이 있습니다. 자취생이라도 감성 인테리어를 꾸미고 제한된 식재료로도 멋진 요리를 즐기는 사람도 있습니다.

즉, 풍요로움은 주어지는 것이 아니라 만들어 나가는 것이죠.

081

Tomy's Voice

의욕

어디에도 열의가 나지 않아,
아무것도 하고 싶지 않은 순간이 있어요.

이것을 '하고 싶은 것을 할 수 없어서 힘들다.' 라고 생각하면 더욱 답답해져요.

열의가 나지 않을 때는 느긋하게 쉬는 것이 좋아요.

082

Tomy's Voice

존재

소중한 사람을 잃은 슬픔은
그냥 사라지지 않아요. 그래도 괜찮아요.
우리의 슬픔이 그들의 존재가 사라질 수 없는
이유가 될 테니까요.

한 사람의 존재는 더는 이 세상에 없습니다.

하지만 단지 기억의 따뜻함, 슬픔, 그리움, 분노, 감사의 감정을 안고 살아가는 거죠. 그것이 사라진 사람의 삶의 증거이기 때문입니다.

083

Tomy's Voice

연락

누군가와 연락이 끊어지면
일시적으로 외로워집니다.

하지만 상대가 나에게 연락을 하지 않아도 나는 여전히 나의 삶을 살아가죠. 상대가 나를 더 이상 필요로 하지 않아도 내가 이렇게 지낼 수 있는 것은, 사실 외로울 필요가 없다는 증거예요.

084

Tomy's Voice

바람

상대에 대한 바람이 충족되면,
이제는 그것이 당연한 것이 되어버려요.

그리고 상대에 대해 바라는 수준이 한 단계 올라가게 되죠. 상대는 점점 숨이 막히고, 나 자신도 충족되지 않는 일이 늘어나면서 스트레스가 쌓입니다.

대처 방법으로는 항상 상대에게 감사하는 마음을 가지는 것과 바라는 수준을 높이지 않는 것이 필요합니다.

085

Tomy's Voice

인간관계

인간관계는 "장소"에 묶여 존재합니다.

당신을 괴롭히는 직장 상사나 동료, 부하도, 직장이라는 장소를 떠나면 그들은 존재하지 않습니다.

집에 돌아가면 잊어도 좋아요. 만약에 필요하다면 직장을 바꾸면 되니까요. 도피처가 있다고 생각하면 조금은 마음이 편안해질 거예요.

086

Tomy's Voice

정신

자기 내면에 눈길을 많이 두면 정신적으로 불안정해집니다.

다른 사람의 시선이 거슬리거나, 신체 증상이 거슬리거나, 관련된 뉴스가 타인의 일로 느껴지지 않는 것처럼요. 무의식적으로 하던 일을 무의식적으로 할 수 없게 됩니다.

시각을 가능한 한 자신에서 벗어난 곳으로 가져가는 것이 좋습니다.

자신보다 다른 세계에 눈길을 두세요.

TOMY의 상담실

아무것도 즐거운 일이 없어요. 일하고 집에 와서 자는 것만 반복해요. 직장 동료끼리 관계도 그렇게 좋지 않고 새로운 만남도 없어요. 어떻게 해야 할까요? _40세, 남성

즐거운 일은 자신이 직접 만들어 넣어야 해요

사실은 즐거운 일은 매일 반복되는 일상에 있다는 거예요. 특별한 이벤트 같은 것이 없어도 괜찮습니다. 이벤트에는 즐거움도 있지만, 그것은 부수적일 뿐이랄까요. 먼저 중요한 것은 일상 속의 "행복"을 생각해 보는 것이죠. 딱 하나여도 괜찮아요. 예를 들면, 당신에게는

① 일(예를 들면, 진료)을 하는 것

② 소중한 사람과 함께 있는 것

이것이 행복일 수 있겠죠. 그러면 반대로 그 행복을 일상에 섞어 넣으려면 어떻게 해야 할까요?

예를 들어, ①이라면 공부하기, 직장 환경을 정리하기, 일의 질을 높이기, 동료를 만들기 등이 있을 거예요. ②라면, 누군가와 동거하거나 함께 일하는 방법을 찾기, 소중한 사람이 없다면 그런 사람을 찾기 등이 있겠죠.

그다음에 이렇게 찾은 방법들을 일상에 녹여내는 것입니다. 스터디에 참여하거나, 소중한 사람과 함께 식사하면서 미래에 대해 계획을 세우거나요.

매일 일어나는 일은 지루하지만, 자세히 보면 당신의 행복은 점점 완성되어 가고 있어요. 그리고 이 모든 일상을 회상해 보면, '즐거웠다.'라고 생각할 수 있겠죠.

087

Tomy's Voice

믿음

중요한 사람을 믿을 수 없게 되면,
그 사람은 사실상 없는 것과 마찬가지입니다.

즉, 믿을 수 없는 사람은 존재하지 않는 것과 같다는 것입니다.

그래서 우리는 신뢰할 수 있는 인간으로 남아야 해요.

신뢰할 수 있는 사람만 존재할 수 있기 때문이죠.

088

Tomy's Voice

외출

"외출이 어려워요."라고
말하는 환자에게……

"집에서 즐거우셔도 되지 않을까요?"라는 질문에 환자가 웃었던 걸 보니, 이 답변이 마음에 들었던 것 같아요.

굳이 어려운 일을 바꾸려고 시도하지 않아도 돼요. 시간이 지나면 자연스럽게 해결되기도 하니까요.

089

Tomy's Voice

경계

당신이 약해졌을 때
"내게 맡겨주세요."라며
다가오는 사람은 주의해야 합니다.

경험이 없으면 "그런 사람이 있어?"라고 생각할 수 있지만, 실제로 있습니다.

약해졌을 때 당신의 뇌를 가져가 버릴 수도 있으니 조심하세요. 처음에는 좋은 사람으로 보일 수도 있으니까요.

090

Tomy's Voice

관계의 역설

인간관계는 개선되지 않아도
괜찮습니다.

서로 좋아한다면 싸워도 화해하고, 서로 싫어한다면 싸우지 않아도 관계가 나빠지니까요.

서로의 호감은 어느 정도 처음부터 결정되어 있습니다. 중요한 것은 최소한의 예의를 갖추는 것이죠.

나머지는 상황에 맡기면 돼요.

091

Tomy's Voice

남의 일

타인의 문제는 타인의 문제일 뿐이라고 이해하는 것이 마음의 부담을 덜어줍니다.

"상사의 말이 심해." → 내가 아니라, 말이 심한 상사의 문제. 즉, 다른 사람의 문제.

"부하가 말을 듣지 않아." → 내가 아니라, 말을 듣지 않는 부하의 문제. 즉, 다른 사람의 문제.

다른 사람의 문제는 궁극적으로 그 "다른 사람 자신"에게 대가가 돌아오게 될 뿐입니다.

092

Tomy's Voice

열등감

당신이 낮은 자존감을 가지고 있다면,
좁은 시야의 이상을 가지고 있을
가능성이 큽니다.

다양한 삶의 방식이 존재하기 때문에, 여러 가지 이상이 있어야 할 텐데 왜인지 자신의 이상은 굉장히 제한적일 때가 많습니다. 그렇게 좁은 범위에서는 목표를 못 이루게 될뿐더러 항상 자신을 인정받지 못하는 느낌에 휩싸이게 되죠.

자존감이 낮은 사람의 문제는 능력이 아니라 사고방식이에요.

093

Tomy's Voice

동물 친구

최고의 친구가 동물이라도
전혀 문제가 없다고 생각합니다.

정보가 너무 많은 인간과는 관계를 맺기 피곤할 수 있습니다.

친한 친구가 동물이라도 전혀 부끄러운 일이 아니에요. 진정으로 마음을 나눌 상대를 정할 때는 당신이 안정을 찾을 수 있는지 생각해 보는 것이 가장 중요하니까요.

094

Tomy's Voice

선물

선물이라는 것은 항상
마음을 즐겁게 합니다.

그러나 삶이라는 선물은 즐거움과 고통을 동시에 줍니다. 따라서 삶과 함께한다는 것은 삶의 전부 심지어 그 끝인 죽음까지도 사랑한다는 것이죠.

삶의 고통과 죽음까지 껴안을 수 있을 때 우리는 삶이라는 선물을 완전히 받을 수 있어요.

095

Tomy's Voice

행복

행복해지고 싶다면, '어떻게 생각되길 원하는가.'에 대해 생각하지 말고, '무엇을 하고 싶은가.'에 대해 생각하는 게 좋습니다.

당신이 '어떻게 생각되길 원하는가.'는 주위 사람들이 결정하는 것이고, 그건 당신이 한 일에 따라 결정되니까 말이죠.

096

Tomy's Voice

자신

인생을 바꿔줄 만한 만남을

기대할 수 있겠지요.

그러나 자신의 삶을 가장 크게 변화시켜 주는 건 자기 자신입니다. 그렇게 생각하고 나날을 보내면, 훌륭한 만남이 갑자기 찾아올 수도 있어요.

그러나 그 사람이 직접 변화시켜 주는 것은 아닙니다. 단지 당신에게 어떤 힌트를 제공해 줄 뿐이에요.

097

Tomy's Voice

희망과 기대

희망과 기대는 다르답니다.
희망은 소망을 품는 것이고,
기대는 자신의 이상을 강요하는 것입니다.

상대방의 성장을 소망하는 것은 '희망'입니다. 거기에는 분노가 일어나지 않죠. 그러나 만약 분노가 일어난다면, 그 안에 "이렇게 되었으면 좋겠다."라는 강요가 섞여 있다는 뜻이에요. 그것을 깨달았다면, 강요를 제거하고 희망으로 바꿔나가면 되겠죠.

098

Tomy's Voice

표현

외로울 때는 외로움을 숨기기보다 "외로워."라고 말하는 편이 좋습니다.

누구나 외로울 때가 있고 엄밀하게 말하면 살아가는 것 자체가 외로운 일이기 때문에, 외로움은 부끄러운 일이 아니에요.

099

Tomy's Voice

추억

지금의 행복은 지금밖에
맛볼 수 없습니다.

만약 완전히 똑같은 일을 하거나, 같은 환경을 갖추어도, 첫 번째와 두 번째, 세 번째에서는 감정이 다를 것입니다. 나이에 따라서도 감정이 다를 것이고요.

우리는 항상 변화하고 있습니다. 지금의 행복은 현재의 것입니다. "일기일회(一期一會)"와 같이, 모든 순간을 멋진 추억으로 기억해 주세요.

100

Tony's Voice

순간

행복했던 순간을 떠올려보세요.

당신과 당신의 소중한 사람이 웃고 있지 않나요?

행복은 사치나 여행이 만들어내는 것이 아닙니다. 웃음이 만들어내는 순간인 거죠.

101

Tomy's Voice

보상

자기 자신보다도 다른 사람을 우선시하다
피곤해지는 사람들에게.

당신이 기운 없다면, 모두 곤란해져 버리잖아요?

그렇게 생각하면, 자신을 소중히 여길 수 있습니다.

저도 피곤할 때는, '내가 기운이 없으면 환자들이 불편하지 않겠나!'라고 생각하며 자신에게 선물을 주는 것처럼 노력하고 있어요.

102

Tomy's Voice

흑과 백

흑백을 분명히 해야만 하는 사람들이 있죠.
이런 사람들은 스트레스도 더 많이 받습니다.
인간관계도 꼬이기 쉬워지고요.

회색으로 그냥 두는 것이 가장 좋겠지만, 그것 또한 쉽지 않은 일이에요.

이런 때는 '명확한 것은 없는 것'으로 생각하고 행동하는 것이 스트레스를 줄일 수 있어요.

103

Tomy's Voice

신경 끄기

'진실을 알고 싶다.'라는 감정은
이해할 수 있지만, '진실을 안 뒤
어떻게 할 거지?'라는 것도
잊지 말아야 합니다.

노력을 들이지만 아무에게도 이득을 주지 않는 일들은 굳이 알 필요가 없는 것이죠.

과거나 본심 같은 것들도 마찬가지예요. 이것이 살아가는 이유입니다.

104

Tomy's Voice

내 편

진정한 내 편은
동료의 얼굴을 하지 않습니다.

때로는 용감하게 괴물의 얼굴을 쓰기도 하고, "이제 다시는 만나지 말자."라고 말할 만큼의 싸움 상대가 될 때도 있어요.

소중한 내 편을 찾으려면, '나에게 어떻게 대해주는지' 그 사람의 행동을 이해해야 합니다.

105

Tomy's Voice

열등감과 겸손

겸손한 태도를 갖는 것은 중요합니다.
그러나 그것은 열등감에 시달리는 것이 아니라,
항상 타인에 대한 존엄성을 가지고
대화하는 것입니다.

자기를 낮추고 주변과 비교해서 스스로를 못났다고 생각하는 것은 자기 비하이지 겸손이 아니에요.

언제나 주변에는 우수한 사람들이 있지만, 그것은 결코 당신이 못났다는 것이 아니죠.

106

Tomy's Voice

실체

어떤 때는 불안해하고,
어떤 때는 괴로워하고,
어떤 때는 사랑스러워해도,
그것들은 모두 실체가 없는 것입니다.
그러니까 그것들에 휘둘리지 않아도 돼요.

어떤 때는 맑고, 어떤 때는 흐리고, 어떤 때는 눈이 내리고, 어떤 때는 번개가 치듯, 마음도 자연의 변화와 같아요.

만화로 보는 Tomy
#4
정신 차려보니 하고
있었다...
“정신
차려보니
하고 있었다”
라는 건
당신이
정말로
해야만
했던
일이
라고
생각해요
힘을 주어
$ 10000000
준비하고
임한 것은
유감스럽지만
계속되지 않는
경우가 많아요
“잘
어울린다”
“자연
스러워
보인다”
이런
감각은
소중
해요

지극히 짧고도 사소한 인생 잠언

Chapter 3

사실 진짜 고민해야 할 일은 그리 많지 않아요

107

Tomy's Voice

일의 타이밍

당연하지만,
일은 잘 풀리는 타이밍과
그렇지 않은 타이밍이 있습니다.
마치 날씨처럼 말이에요.

그러니 잘 풀리고 있을 때는 자만하지 말아야 하고, 잘 안되고 있을 때는 자신을 너무 책망하지 않아도 돼요. 상황을 꾸준히 지켜보는 것이 중요합니다.

108

Tomy's Voice

내어버림

우리가 앞으로 나아가는 것을 막는 것은
과거와 현재에 대한 집착입니다.

그것이 무엇이든 새롭게 발전하기 위해서는 지금까지 가진 무언가를 버려야 합니다.

가지고 있는 것을 잃는다는 것은 두려운 일이지요. 하지만 무언가를 잔뜩 움켜쥔 손으로는 새로운 것을 잡을 수 없습니다.

손에 쥔 것을 모두 내려놓으면 또 잡을 수 있습니다.

109

Tomy's Voice

결정

정말 멋진 사람은
자기 일에 대해 스스로
“결정을 내린 사람”이라고 생각합니다.

그러니 멋진 사람이 되고 싶다면 무언가를 스스로 결정해 보는 것도 좋아요.

무엇이 되었든, 자녀를 위해 헌신하기로 결정을 내리거나, 이 직업을 평생 할 것이라고 결정하기도 하고, 부부로서 함께 삶을 나누기로 결정을 내릴 수도 있겠죠.

110

Tomy's Voice

무시

어떤 때는 무시하는 힘이
정말 중요합니다.

상대방을 무시하면 미안한 기분이 드는 사람도 있을 거예요. 그럴 때는 '사람이 아니라 건설적이지 않은 그 사람의 행동을 무시하는 거야.'라고 생각하세요.

무시와 그냥 넘어가는 일은 다릅니다.

111

Tomy's Voice

주인공

자아 존중감이 부족한 분들에게.
당신이 바라보는 세계는
당신이 보고 있기 때문에
존재하는 거예요.

극단적으로 말하면, 당신과 이 세계만이 존재하고, 이 세계의 주인공은 곧 당신이라는 것입니다.

112

Tomy's Voice

기억

멘탈을 잘 유지하는 비결은,
기분이 좋은 때를
잘 기억해 두는 것입니다.

기분이 좋다고 느낄 때, 바로 그때 물건의 느낌, 생각하는 방식, 의욕 등을 자세히 감각으로 기억해 두세요.

그렇게 하면 조금이라도 나쁜 상태일 때도, '아, 기분이 좋았을 때는 이런 생각을 할 수 있었잖아.'라고 다시 생각해 볼 수 있어요.

113

Tomy's Voice

맡김

불안감이 큰 분들은 "다른 사람에게 일을 맡기기 어려워."라고 말하는 경우가 많습니다.

다른 사람에게 일을 맡기는 것이 편하다는 것을 머리로는 알고 있지만, 쉽게 놓아버리기 어려운 사람들이 있죠. 자신이 그 일을 직접 파악하고 싶어 하는 욕구 때문이에요.

이런 사람들은 자신이 그 일을 통제하는 것이 불가능해지면 불안감이 폭발하기도 합니다. 그러면 일상에서 작은 일부터 다른 사람에게 조금씩 맡기는 연습을 하는 것이 좋습니다.

114

Tomy's Voice

힘든 상황

힘든 상황에서는 힘든 일을
계속 기억해서 불안해지는 것이 아니라,
일 자체로 힘이 들기 때문에
힘든 생각을 떠올리게 되는 것입니다.

당신을 구속하고 있는 싫은 기억이 없다고 해도, 다른 기억이 그 자리를 대신할 뿐입니다.

그러니 힘든 상황에서는 어떤 기억에도 사로잡히지 않아도 돼요.

115

Tomy's Voice

이김

지고 싶지 않다는 마음가짐은 좋지만,
'어디에서나 지고 싶지 않다.'라는
생각은 신중해야 합니다.

—

이기는 때도 있지만, 지더라도 어쩔 수 없는 때가 있기 때문이죠. 가끔 관여하기만 해도 지게 되는 경우가 있습니다.

이기고 싶어 하는 마음이 강해질 때는 집착이 많아지고 감정적이며 시야가 좁아지는데, 그렇게 해서 반드시 좋기만 한 경우도 없습니다.

116

Tomy's Voice

지금

사람이 죽으면
함께한 추억도
나눌 수 없게 됩니다.

살아있는 지금, 친구들과 마시고, 노래하며, 이야기 나누세요. 지금의 기회를 잡아서 망설이지 말고 즐겨보세요.

117

Tomy's Voice

그런 날

우리가 겪는 어려움에는 여러 가지가 있지만,
알아야 할 것은 이것입니다.

외로울 때, 힘들 때, 불쾌한 일이 있을 때, 지칠 때, 누군가가 "그런 날도 있어."라고 말해 주면 꽤 마음이 나아진다는 사실입니다. 그러니 그럴 때는 누군가에게 마음을 터놓아보세요.

그런 날도 있습니다!

118

Tomy's Voice

넘김

잘 넘기는 요령은 사실
"마음이 좁은 사람"이 되는 것입니다.

우선 전혀 스트레스를 느끼지 않는 사람들만 떠올려 당신의 마음속에 넣어보세요. 그리고 여유가 생기면 당신에게 10%의 스트레스만 주는 사람을 생각해 보고요. 더 여유가 생긴다면 당신에게 20%의 스트레스를 주는 사람도 생각합니다. 스트레스받는 일이 생기면 잘 넘기기가 어렵습니다. 그러니 처음에는 당신에게 스트레스가 되지 않는 사람만 마음속에 떠올리세요.

119

Tomy's Voice

감성

감성은 노화한다고 생각합니다.
예전에는 "멋지다!"라고 느꼈던 것에도
점차 감동이 느껴지지 않게 되죠.

그러니 우리는 오히려 더 의식적으로 감성을 갈고 닦아야 합니다. 이를 위해서는 새로운 경험을 하거나, 환경을 약간 바꾸거나, 새로운 사람들과 이야기를 나누는 등의 노력이 필요해요. 정기적으로 귀찮은 일을 해보는 것이 좋습니다.

120

Tomy's Voice

선악

모든 것을 "선과 악"의 가치로
생각할 필요는 없습니다.

누군가와 어떤 이유로든 다툼이 있을 때 "어느 쪽이 잘못했을까?", "무엇이 잘못되었을까?"와 같이, 다툼을 선악으로 분류하려는 사람들이 있어요.

하지만 이런 경우는 대부분 선도 악도 아니라 서로의 화합이 안 됐거나, 타이밍이 안 맞았거나, 무언가 모호했기 때문인 경우가 많습니다.

121

Tomy's Voice

좋아함

사람을 진정으로 좋아할 때는
그 사람과 함께 있고 싶다고
자연스럽게 느낍니다.

좋아한다는 것은 상대방의 조건에 따릅니다. "고기를 좋아한다."라고 말할 때 조건이 필요 없는 것과 같죠.

그러니 누군가를 좋아하기 위한 방법은 딱히 없어요. 좋아하게 되면 자연스럽게 좋아하게 되는 것이죠. 하지만 좋아하는 사람이 없어도 괜찮습니다.

122

Tomy's Voice

자신감

당신이 소심하게 행동하는 모습을 보이면,
사람들은 당신에게 무언가를
조언하거나 말하고 싶어 합니다.
사람들이 당신에게 무언가 이야기한다면,
당신은 더욱 소심해지겠죠.

그러니 약간 자신감이 부족하더라도 당당하게 행동하세요. 그러면 같은 일을 하더라도 당신에 대한 평가가 올라갈 거예요.

먼저 등을 펴고 명확하게 이야기하는 것이 중요합니다.

123

Tomy's Voice

감사

당신에게 돌아올 것은
상대방의 "감사"의 마음입니다.

이렇게 생각하면 기대를 너무 많이 하지 않아도 스트레스가 줄어들 거예요. 혹여, "감사"의 마음조차 당신에게 전해오지 않는다면, 다음부터는 그 사람과 함께하지 않으면 됩니다.

이 정도의 마음은 사람들과 함께 살아가기 위해서는 필요한 것이니까요!

124

Tomy's Voice

마음의 벽

당신에게 마음의 벽을 두는 사람과
친해지고 싶다면,
상대방의 마음의 벽을
깨부수지 않는 것이 좋아요.

상대방이 부담스러워한다면, 그 마음을 존중하고 조금 거리를 두세요. 이것이 상대에 대한 배려라고 생각합니다.

상대방도 당신이 안심하고 다가갈 수 있는 존재라는 걸 알게 된다면, 알아서 다가와 줄 것입니다.

125

Tomy's Voice

무의식

당신의 삶의 근본적인 변화를
일으키는 것은 단단한 의지가 아니라
긍정적인 상상입니다.

의지를 훈련해야 한다고 주장하는 것은 큰 실수입니다. 의지와 상상이 싸움을 벌이면 예외 없이 상상이 승리하기 때문이죠.

즉, 의식과 무의식의 싸움에서는 항상 무의식이 승리한다는 것입니다. 무의식적인 자기 암시를 통해 우리의 인생은 변화할 수 있어요.

만화로 보는 Tomy
#5
다른 사람이 나를 따라
할 때는...
안녕히
다른 사람이 나를 따라 할 때는
미워하는 것보다
양쪽 다 부정적인 감정이지만
슬퍼하는 편이 좋아요
미움이 쌓이면 자신의 성격이 공격적으로 일그러져요
상대에게 그렇게 까지 당하고 싶진 않죠?
그 사람은 안타까운 사람이었던 거예요
그저 그뿐이에요

126

Tomy's Voice

여행

먼 곳을 가지 않아도
여행을 즐길 수 있습니다.

근처 도서관에 가서 책을 읽거나, 새로운 카페에서 여유롭게 시간을 보내거나, 강아지를 차에 태우고 처음 가는 공원에서 산책하거나, 요가 체험 수업을 듣는 것도 좋아요.

새로운 경험이나 시간을 보내는 방법은 바로 근처에서 찾을 수 있어요. 무작정 혼잡한 곳으로 멀리 여행을 가는 것보다 더 즐거울 수도 있습니다.

127

Tomy's Voice

털어놓음

걱정을 끼치고 싶지 않아서
고민을 숨기는 사람들도 있습니다.

하지만 당신을 소중히 여기는 사람이라면 이미 당신의 고민을 알아챘을 거예요. "무슨 일이 있는 것 같은데……."라며 말이죠.

그들이 이미 당신을 걱정하고 있을 테니 무엇이 당신을 괴롭히고 있는지 말해 보세요. 상대방은 당신에게 조금이라도 도움을 주고 싶어 할 거예요.

128

Tomy's Voice

인생의 목적

우리는 누구나 언젠가
이 세상을 떠나게 됩니다.

그러니 인생의 목적이라는 것은 사실 없는 것이죠. 모두 자신의 비행기를 조종하듯 삶을 살아가면 됩니다. 바람을 타고 즐겁게요.

착륙하면 그것으로 끝이기 때문에 어디로 향해도 괜찮아요.

129

Tomy's Voice

의존성

부모님께 의존하는 성향이 있는
사람들에게는 공통된 특징이 있어요.

그 사람들은 부모님과 적당한 거리를 두지 못한 것입니다. 부모님이 제멋대로 행동하셔도, 부모님의 말씀이니 듣고 따르는 것이죠. 사실 이런 행동은 착한 아이처럼 보이지만 부모님에게 독이 되는 일입니다.

여기서 벗어나는 첫걸음은 당당하게 거절하는 것이에요. "엄마, 그날은 안 돼. 그러면 나중에 봐." 같은 식으로요.

130

Tomy's Voice

기분

가끔 넘어지며
'아파, 운이 없네.'라고
생각할 때도 있을 거예요.

하지만 '이 정도로 끝나서 다행이야.'라고 생각할 수도 있답니다.

사실 상황이 변하지 않더라도 자신의 기분은 스스로 바꿀 수 있거든요.

131

Tomy's Voice

비슷한 사람

일상의 행복도를 높이는 방법은
사실은 꽤 간단합니다.

옆에 있을 때 기분이 나빠지는 사람에게서 멀어지고, 곁에 있을 때 기분이 좋은 사람과 함께하면 됩니다.

완전히 떨어져야만 할 사람들이 아닌 이상, 의식적으로 조금씩 주변에 둘 사람들을 바꾸어 나가세요. 이렇게 반복하다 보면 좋은 의미로 "비슷한 친구"들이 생길 거예요.

132

Tomy's Voice

고민

사실 고민해야 할 일은
그렇게 많지 않습니다.

고민하지 않는 사람들도 이 세상을 충분히 잘 살아갈 수 있어요. 고민하는 것보다는 고민을 만들지 않는 것이 좋을 때도 있고요.

답이 나오지 않는 것이나 생각할 필요가 없는 것들은 굳이 고민하지 않아도 돼요.

133

Tomy's Voice

싫음

누군가에게 싫은 사람이 된다는 것은,
"누군가에게 의미가 있다."라는 뜻이기도 해요.

상대방은 당신의 존재나 행동에서 의미를 찾아냈기 때문에 싫어하는 것입니다. 즉, 당신을 싫어한다는 것은 그 이상도 이하도 아닌 일이죠.

당신의 또 다른 조건을 통해서는 상대방이 당신을 좋아할 수도 있습니다. 그러니 누군가 당신을 싫어한다면, '나는 저 사람에게 의미가 있구나.'라고만 생각해도 돼요.

134

Tomy's Voice

분위기

어떤 때는 분위기를 보지 않고
말하는 것도 중요한 것 같아요.

상대방이 알아듣고 이해해 줄 것을 기대하지 않는 것이 좋아요. 혹여나 생길 수 있는 오해를 지우기 위해서라도 의견을 명확히 표현하는 것이 좋지요.

"알아서 이해해 줬으면 좋겠다."라는 말은 이기적일 수도 있어요. 그러니 상대를 공격하는 말이 아니라면 의견을 분명히 말하는 편이 좋습니다.

135

Tomy's Voice

윤곽

타인에게 터놓고 이야기하면
편안해지는 이유는,
불안과 고민의 전체적인 모습을
파악할 수 있기 때문이에요.

말로 표현함으로써 막연하게 느껴지던 것의 윤곽이 뚜렷해지는 것이죠.

곧바로 이야기할 수 있는 상대가 없다면 고민을 노트에 적는 것도 좋은 방법이에요.

136

Tomy's Voice

아니요

**머릿속에서 '아니요'라는 결론이
이미 나와 있다면,
빨리 말해버리는 편이 좋아요.**

어차피 결론은 변하지 않을 테니까요. "말하기 어렵다.", "타이밍이 좋지 않다."라고 생각해서 미룬다면 상황은 점점 더 어려워집니다.

아무것도 하지 않아도 시간은 흐르기 때문에 빠르게 결정하는 게 좋아요.

137

Tomy's Voice

욕설

못된 사람에게서
불쾌한 욕설을 들었다고 해도
괜찮습니다.

실은 그들과의 관계에서 나오는 말들은 의미 없는 경우가 많거든요.

신경 쓰지 마세요, 신경 쓰지 마세요.

못된 사람에게서 칭찬받는 게 훨씬 더 무서우니까요.

138

Tomy's Voice

기다리지 않기

기다리지 않는 것은 정말 중요합니다.
이 사실을 터득하면 세상의 스트레스가
반으로 줄어들 것입니다.

예를 들어, 디즈니랜드에서 줄을 설 때, 친구와 재밌게 이야기하며 그 시간을 즐기는 것이죠. 다음으로는 비행기를 기다리며 공항에서 노는 방법이 있어요. 연인과의 관계에서는, 상대방과의 다음 만남을 기다리며 혼자 마음대로 시간을 보내면 됩니다.

기다리지 않는다면, 시간은 더욱 빠르게 흐를 거예요.

139

Tomy's Voice

해결

가끔은 해결되지 않는 문제도
있는 법입니다.

해결되지 않는다면 그냥 내버려둬도 괜찮아요. 물론 '해결할 수 없다.'라고 생각하면 힘들겠지만, 해결되지 않는다면 조금 여유를 가질 수도 있거든요.

모든 것을 그대로 내버려두세요.

140

Tomy's Voice

대화 습관

사람들은 보통 "내 생각에는……."이라는 말로 대화를 시작합니다.

자기가 한 생각임을 강조하려는 것이죠. 이런 대화 습관은 자기 생각이라는 것을 강조하여 다른 사람들로부터 인정받고 싶어 하는 욕구에서 비롯됩니다.

하지만 대체로 이런 대화 방식은 "또 잘난 체한다."라고 여겨질 수도 있고, 기대하는 결과를 얻어내지 못하는 경우가 대부분입니다.

141

Tomy's Voice

이해력

놀랍도록 이해력이 없는
사람을 만나면 힘이 듭니다.

그럴 때는 '나도 이렇게 이해력이 부족한 사람이 있다는 사실을 경험해 볼 수 있었다.'라고 생각하고 마음을 평온히 하면 좋아요.

모든 사람이 이해력이 높은 것은 아니니까요.

142

Tony's Voice

여유

항상 교통체증이 심하고
소란스러운 도시에서는
길을 양보할 여유가 사라질 수도 있어요.

하지만 길이 편하고 살기 좋은 도시에 있다면 기분 좋게 양보할 수 있습니다. 이는 다만 길에만 해당하지 않아요. 다른 사람에게 친절할 수 있는 여유를 가질 수 있는 환경에 자신을 두는 것이 중요하죠.

당신이 다른 사람에게 친절하지 못하다면 스트레스가 너무 많이 쌓여 있다는 신호일 수 있어요.

143

Tomy's Voice

대답

논쟁이라는 것은
답을 찾고자 하는 사람들 간에
진행되어야 합니다.

답을 바꾸려는 의지가 없는 이들끼리 이야기를 나눈다면, 시간 낭비일 뿐이에요.

상대방이 답을 바꾸려는 의지가 없어 보인다면, "당신이 옳아."라고 말해 주고 조용히 떠나는 편이 좋습니다.

144

Tomy's Voice

인생

맛있는 음식을 더 많이 먹고,
더 열심히 일하고, 더 치열하게 공부하고,
더 재미있게 놀고, 더 많이 여행해 보세요.

인생은 정말 멋진 것입니다. 기쁨과 분노, 슬픔, 고민하는 모습조차 아름답죠.

결국, 모든 것은 다 흘러 지나가서 아름다운 추억으로 쌓이기 마련이에요.

145

Tomy's Voice

중단

일하다 생기는 고민은 직장에 두고
그만 집에 돌아가세요.

계속 고민해 봤자 아무것도 해결되지 않습니다. 그냥 시간 낭비일 수 있어요. 집에서는 최대한 휴식을 취하고, 내일 직장에 가서 다시 고민을 이어 나가는 게 좋아요.

TOMY의 상담실

다른 사람을 신뢰할 수 없게 됐습니다. 부모님, 형제, 친구, 상사 등 다양한 상황에서 사람들이 서로를 배신하는 모습을 지켜봐서 그런 것 같습니다. 저도 언젠가 같은 일을 당할 것 같다는 생각에, 이제는 누구도 신뢰할 수 없게 되었습니다. 이럴 때는 어떻게 하면 좋을까요? _43세, 남성

배신에 맞서 도전하는 열정을 가지고 사람들 속으로 뛰어들어 보세요

'배신'이라는 것은 '배신당한' 사람의 관점일 뿐입니다. 다양한 각도에서 생각하면, 배신이라는 것은 간단하게 말할 수 없는 경우가 대부분입니다. 그러므로 배신당했다고 생각하기 전에, 왜 이런 상황이 생겼는지를 확실히 검토하는 습관을 들이는 것이 좋아요.

이는 반드시 상대방을 옹호하라는 것이 아닙니다.

'배신'이라고 단정하면 당신의 생각이 발전되지 않고 하나의 시야에 갇힐 테니까요. 그러니 분명한 이유를 찾아 상황을 검토해 보는 과정이 필요하다는 거죠.

예를 들어 상사가 당신에게 승진을 약속했지만, 당신이 계획에 못 미치는 성과를 냈다면, 약속을 지키지 않을 수도 있습니다. 이것은 '배신'으로 여겨질 수도 있지만, 사실 당연한 일이죠. 게다가 당신의 상사도 굳이 당신을 '배신'해서 원망을 사고 싶지 않았을 거예요.

상대방의 입장에서 생각해 보면, '배신'이라는 것은 당신과 상대방이 원하는 결과가 서로 다르기 때문에 발생했다는 것을 알 수 있습니다. 당신이 진심으로 상대방과 소통해 본다면, '배신'이 느껴지는 상황을 자주 마주치지 않을 것입니다.

물론, 가끔은 '배신'을 당할 수 있겠지만, 그 '배신'이 당신에게 다가올 새로운 만남을 버릴 만큼의 가치는 없습니다. '배신'에 도전하고, 다른 사람들과 함께 살아가는 세계로 뛰어 들어가 보세요!

146

Tomy's Voice

관계

소중한 사람이 당신을 싫어하게 됐다면, 무리해서 다가가지 않는 것이 좋습니다.

상대방을 강요하면 오히려 당신을 더 싫어할 수 있습니다. 상대방의 감정을 고려해 보세요. 상대방이 움직일 때까지 기다리는 게 더 현명한 방법이니까요.

다만, "언젠가 연락이 올 거야."라는 기대는 하지 마세요. 기다린다는 것은 힘들 뿐만 아니라 당신에게 불필요한 감정소모를 유발할 수 있습니다. 그저 지나가 버린 관계라고 생각하고 앞으로 나아가 보세요.

147

Tony's Voice

거리

별거 아닌 일로 오해를 하고
멀어지는 사람들이 있죠.

하지만 그런 일로 당신을 떠난다는 건, 그 사람이 그 정도밖에 안 된다는 거예요.

제대로 된 관계라면 상대방이 다시 생각해 보거나, 그냥 잊어버리고 말거나, 연락을 다시 할 거예요. 너무 많이 생각하지 말고 상대방의 반응을 기다려도 괜찮아요. 상대방이 물어보면 대답하는 정도로요.

148

Tomy's Voice

언쟁

언쟁이 없다는 것은
처음에는 좋은 것처럼 보일 수 있어요.

하지만 잊지 말아야 할 것은, 어느 한쪽이 아무 말 없이 참고 있을 수도 있다는 거예요.

서로 좋은 관계를 유지하기 위해서는, 의도적으로라도 언쟁을 일으키는 것이 나을 수도 있어요.

149

Tomy's Voice

상호작용

새로운 사람을 처음 만날 때는
억지로라도 대화를 이끌어야 한다고
생각할 수도 있어요.

하지만, 계속 이야기를 하다 보면 서로 지치게 될 수도 있죠. 대화는 자연스럽게 이루어지는 게 좋아요. 말이 없어도 함께 있으면 즐거운 사람도 있고, 이야기가 잘되어도 마음에 안 드는 사람도 있습니다.

결국 인간관계는 상호작용에 따라 형성되는 것이기 때문에, 대화와 관계가 어떻게 될지는 아무도 알 수 없어요.

150

Tomy's Voice

저주

연애를 시작할 때, 저주도 함께 시작된다고 생각합니다.

즉, "상대방이 나를 더 이상 좋아하지 않으면 어떡하지."라는 마음이 들게 되는 것이죠. 이러한 생각이 드는 순간부터 행동에 억지스러움을 추가하고, 그렇게 무리한 일을 하게 됩니다. 결국에는 관계를 망가뜨리기도 하고요.

이러한 저주에서 벗어나는 방법은, 처음부터 "나를 좋아하든, 싫어하든, 이 마음은 상대방의 것이니까."라고 분리해서 생각하는 것입니다.

151

Tomy's Voice

놓아버림

편안하게 산다는 것은, 어떤 의미에서는
가장 생동감이 있다고 할 수 있습니다.
반대로 집착과 욕망에 가득 차 있다는 것은,
마치 죽음에 대비하고 있는 것과 비슷합니다.

무언가에 집착한다면, 살아 있는 느낌이 줄어들 수도 있습니다. 그러니 편하게 놓아버리세요. 놓아버리는 것의 비결은, 놓아버리기조차 놓는 것입니다.

고통과 기쁨을 모두 받아들이세요. 그냥 있는 그대로 살아가는 거예요.

152

Tomy's Voice

어리석음

다른 사람을 어리석게 여기고 무시한다면,
언젠가는 당신도 누군가에게
어리석게 보일 수도 있습니다.

어리석다고 생각하는 사람과는 아예 관련되지 않거나, 의식 바깥으로 멀리하는 것이 좋습니다. 그런데도 그 사람을 굳이 가까이하고 바보 같다며 조롱한다면, 그것은 결국 자기에게 문제가 있다는 뜻입니다.

153

Tomy's Voice

신용

제가 아주 우울했을 때 배운
한 가지를 알려드릴게요.

사람은 80% 정도만 믿는 게 좋아요. 어떤 멋진 사람이라도 80% 정도를 믿을 수 있다면 그것은 최고 수준이니까요. 나머지 20%는 나 자신을 믿는 거예요.

154

Tomy's Voice

오해

사람은 오해하는 존재입니다.
그러니 오해당해도 괜찮다고
생각하는 게 좋습니다.

오해를 받으면 당신이 무슨 말을 하더라도 변명으로만 보일 테니까, 사람들의 질문에 대답해주는 정도면 충분해요.

정말 중요한 것은 자기의 페이스를 무너뜨리지 않는 것입니다. 언젠가는 오해가 풀릴 거예요. 풀리지 않으면 그 사람의 사고력이 나쁜 것일 뿐이고요.

155

Tomy's Voice

미소

만약 당신에게 사람을 알아보는
안목이 없다면, 좋은 미소를 가진
사람을 선택하면 됩니다.

적어도 그 사람의 미소를 보고 있으면 안정이 되니까요. 그리고 그다음으로는 솔직한 사람을 선택하세요.

156

Tomy's Voice

망각

망각이라는 능력은
상당한 것입니다.

가장 힘든 일들도 시간이 지나면 잊고 계속 살아갈 수 있습니다.

그러니 분명 이번에도 어떻게든 괜찮아질 거예요. 잊을 수 없는 일도 있겠지만, 잊고 살아온 일들도 많습니다. 단지 잊고 있어서 의식하지 않은 일들이요.

157

Tomy's Voice

사유

우리는 사유를 통해
세상을 다르게 바라볼 수 있습니다.

질문하고, 무언가를 바꾸려고 노력하고, 해결책을 찾기 위해 분투하죠.

이렇게 우리는 지금껏 보이지 않았던 것을 보려고 합니다. 즉, 사유하며 인생을 풍요롭게 만드는 거예요.

158

Tomy's Voice

운

처음부터 운에 의지한다면,
언젠가 그 운은 사라지고 맙니다.

"할 수 있는 일은 다 해봤고, 이제는 운에 맡기는 수밖에 없어."라고 말하는 사람이 진정으로 운을 자신의 편으로 만들 수 있습니다.

"나는 운이 좋으니까, 이 정도면 어떻게든 될 거야."라고 운에 전적으로 의지해 버리면 안 돼요. 운에도 마음이 있습니다. 운은 노력한 사람의 편에서 응원하고 싶어 합니다.

159

Tomy's Voice

후회

후회해도 괜찮고,
후회가 가득해도 괜찮습니다.

인생을 깊이 있게 고민하다 보니 후회도 하게 되는 것이니까요. 당신의 삶을 소중하게 여긴다는 증거이기도 합니다.

물론 후회하지 않는 것도 좋지만요.

160

Tomy's Voice

부드러움

당신이 상처를 쉽게 받는다는 것은,
당신이 따뜻한 사람이라는
의미이기도 합니다.

이런 당신이 강해지기 위해서는 당신의 부드러움을 누군가에게 주면 됩니다. 소중한 누군가를 위해 강한 마음을 먹는 것입니다.

161

Tomy's Voice

감정

정신과 의사들은 감정의 움직임을
"현상"이라고 이해합니다.

이렇게 하면 감정을 객관적으로 바라볼 수 있을 뿐만 아니라 해결책도 찾을 수 있죠.

예를 들어 상대방이 나에게 화를 내고 있어도, '어떡하지.'가 아니라, '왜 상대방은 화라는 감정을 보여주는 걸까.'라고 생각하는 것입니다.

이러한 관점은 스트레스를 줄이는 데 큰 도움이 될 것입니다.

162

Tomy's Voice

고정관념

강한 고정관념을 가진 사람에게 대응하는 방법

고정관념을 바로잡기는 어려울 뿐만 아니라 잘못하면 당신이 적이 될 수 있어요.

"상대방에게는 그게 진실인 거지."라는 태도로 대화하는 것이 좋아요. 긍정적으로 받아들이지도 않고, 부정적으로 보지도 않는 거죠.

"당신이 그렇게 생각하고 있다면 힘들겠네요."라며 공감해 주는 것이 좋아요. 이는 망상에 대한 대응 방법을 응용한 것이기도 합니다.

163

Tomy's Voice

작은 것

어딘가 '뭔가 이상하다.'라고 생각되는 사람이 있다면, 그 사람의 다른 부분에도 미묘한 문제가 숨어 있을 가능성이 큽니다.

그러니 작은 일이라도 마음에 걸리는 사람을 만났다면, "작은 일이니까."라며 쉽게 넘기지 말고 가볍게라도 기억에 남겨두는 것이 좋습니다. 작은 일도 많이 쌓이면 꽤 심각한 문제가 되니까요.

164

Tomy's Voice

내버려둠

당신이 하지도 않은 일로
당신을 나쁘게 말하는 사람이 있다면,
그냥 내버려두세요.

제대로 된 사람들은 그런 말을 신경 쓰지 않아요. 당신에 대한 나쁜 말을 듣고 크게 반응하는 사람들이야말로 하찮은 사람들이죠.

나쁜 말을 진지하게 받아들이지 말고, 울지도, 화내지도, 아첨하지도 마세요. 그저 정말 별로인 사람이라고 생각하세요.

165

Tomy's Voice

소망

우리는 슬럼프에 빠질 수 있습니다.
언젠가 재능이 시들어버릴 수도 있고요.
강하게 바랄수록 일이 잘 풀리지
않을지도 모릅니다.

이는 소망이 언젠가부터 집착이 되어버렸기 때문입니다. 그럴 때는 좋아해서 하는 일을 다시 한번 생각해 보세요. 하고 싶어서 하는 일을 하세요. 잘 안 풀릴 때는 처음으로 돌아가도 좋습니다.

만화로 보는 Tomy
#6
하고 싶은
일이란...
눈앞에
있는 일을
제대로
하지
않으면
좋아!
하고 싶은 일은
할 수 없다고 생각해요
하고 싶은
일을
하기까지
하고 싶지 않은 일을
잔뜩 해야 하니까요
그럴 땐,
싫어, 싫어라고
말하면서 해도
괜찮아요

지극히 짧고도 사소한 인생 잠언

Chapter 4

강해지는 방법은 집착을 줄이는 거예요

166

Tomy's Voice

과소평가

의외로 사람들은 무언가를
그렇게 쉽게 싫어하지 않습니다.

누군가를 싫어하는 사람이라도, 그 사람의 성장하는 모습을 보면 응원하고 싶어질 거예요.

말과 행동이 바뀌면 호감을 얻을 수도 있어요. 자신을 "남들이 싫어하는 사람"이라고 생각하는 일은 자신을 과소평가하는 일과 같습니다.

167

Tomy's Voice

스스로 챙기기

자기 자신을 돌보는 일은
누구에게도 불편을 주지 않습니다.
스스로 기분 내는 일도
누구에게 피해가 되지 않습니다.

그러니 마음껏 해도 됩니다.

168

Tomy's Voice

단순함

강해지기 위해서는
단순히 집착을 줄이면 됩니다.

무언가를 버리지 못하는 사람은 약점을 많이 가지고 있는 것과 마찬가지예요.

절대로 양보할 수 없는 것만 가지세요. 불필요한 장식들은 필요 없습니다.

단순한 구조의 물건일수록 강하지 않나요? 마음도 마찬가지입니다.

169

Tony's Voice

진리

이 세상의 모든 진리를
알 방법은 없습니다.

그러니 학문 이외에는 무언가에 크게 집착하지 않는 게 좋아요. 끝은 없고, 그곳에 정말 무언가가 있는지도 확실하지 않으니까요.

모르는 것은 모르는 대로 두세요. 특히나 사람의 마음에는 확실한 진리가 없습니다.

170

Tomy's Voice

간단함

피곤할 때는
동물원이나 식물원, 수족관 등에
가는 것을 추천해요.

다른 생물을 보면, "살아가는" 것의 간단함이 보이니까요.

간단해도 생기있게 살아갈 수 있어요. 어쩌면 간단하게 살아가는 게 더 좋을지도 몰라요. 우리는 살아가는 것을 너무 복잡하게 만들고 있나 봐요.

171

Tomy's Voice

시간

무엇을 해도 감정이 진정되지 않을 때,
시간이 당신을 치유해 줄 거예요.

시간이 있으니 걱정하지 마세요. 시간은 엄청나게 강력한 힘을 가지고 있어서 안심하고 맡겨도 돼요.

172

Tony's Voice

용서

소중한 사람을 잃었다면,
최대한 그 감정을 느껴보세요.

혼란스럽고 불쾌한 기분이 들어도 괜찮아요. 나 스스로가 싫게 느껴져도 괜찮아요.

하지만 결국에는 그런 나 자신까지도 용서하세요.

173

Tomy's Voice

사귐

'이 사람이 연애 상대로
잘 맞는지 아닌지.'를 생각하는 때는
마음 편히 연애의 즐거움을
느낄 수 없어요.

함께 있으면 즐겁다는 것만으로도 충분해요. 제3자의 시각은 연인을 사귀는 데 필요하지 않아요.

174

Tomy's Voice

실패

'실패하면 어떡하지.'라고 생각할 때도
도전하는 게 좋아요.

'실패해도 괜찮아.'라고 바꾸어 생각하세요. 하지만 특히 젊을 때일수록 그렇게 생각하기는 쉽지 않습니다. 그러니 명심하세요. 실패해도 어떻게든 괜찮아질 거예요. 더 많은 경험을 쌓고, 나이가 들면 깨닫게 될 겁니다. 지금의 실패 따위는 중요한 것이 아니에요!

175

Tomy's Voice

의식적으로

불쾌한 사람을 생각하는 일에는
좋은 점이 없습니다.

좋은 점만 찾아도 모자란 인생입니다. 그러니 멋진 사람들에 관해서만 생각하도록 하세요. 의식적으로요.

176

Tomy's Voice

따뜻함

당신이 상대방으로부터
따뜻한 대우를 받고 싶다면……

따뜻함을 필요로 하는 사람에게 먼저 따뜻한 대우를 해 주세요.

친절과 사랑은 소비할수록 반대로 더 늘어가는 것이니까요.

177

Tomy's Voice

하고 싶은 일

가장 답을 찾기 어려운 것은,
"어떻게 하면 하고 싶은 일을
찾을 수 있을까?"라는 질문입니다.

이 문제에 직면한 사람 중에는 어릴 적부터 자신의 의견이 부정당했던 사람들이 많습니다. 어쩌면 부정당할 것 같아서 "내가 하고 싶은 것을 없애버리는" 방식으로 적응해 왔을 수도 있습니다.

178

Tomy's Voice

마음의 방향

몇 번을 생각해도,
계속해서 같은 곳을 돌아다닐 뿐
마음이 앞으로 나아가지 않는 순간이 있어요.

하지만 그래도 괜찮아요. 큰 바다로 향하는 배처럼 살아도 좋고, 작은 바위 사이를 돌아다니는 물고기처럼 살아도 좋아요. 좀처럼 나아가지 않더라도, 그게 바로 당신의 마음이에요. 그럴 땐 마음껏 생각에 잠기면 돼요.

179

Tomy's Voice

차용

현재의 당신과 관련된 모든 것은,
사실 모두 빌려온 것입니다.

당신의 위치, 돈, 물건, 모든 것들은 결국 돌려주어야 해요.

심지어 현재의 시대에 살아있는 것도, 인간으로 태어난 것도, 지구에 존재한다는 사실마저도 전부 돌려주어야 해요. 그러니 작은 것에 집착하는 것은 별로 의미가 없습니다.

지금 어떻게 살아갈 것인가, 그게 중요한 거예요.

180

Tomy's Voice

비례

**오랜 기간 함께한 상대라 해도,
당신에게 무례한 행동을 했다면
용서할 필요 없습니다.**

이런 경우에는 오히려 상대방에게 제대로 주의 주세요. 당신의 의견이 이해받지 못한다면, 인연을 끊는 것도 필요할 수 있습니다. 물론, 당신에게는 충격적인 일이겠지만, 더 이상 스트레스를 안고 다닐 필요는 없어요. 어쩌면 당신의 단호함에 상대가 충격을 받고 변할 수도 있고요. (기대는 하지 마세요.) 이런 방향이 좋습니다.

181

Tomy's Voice

반동

감정의 파도는 마치 고무줄을
당기는 것과 같습니다.

위로 크게 튕기면, 반동으로 아래도 크게 흔들리죠. 즉, 기운 넘치는 때 너무 많이 움직이면, 언젠가는 반드시 떨어지게 됩니다. 그러니 기운이 넘치는 때, 활력이 클 때도 하고 싶은 일의 반 정도만 해두는 게 중요해요.

182

Tomy's Voice

이유

삶의 이유가 사라졌다면,
어떻게 하는 게 좋을까요?

이유가 없어도 돼요. 그저 살아가면 됩니다. 제가 비슷한 상황에 부닥쳤을 때는, '살고 싶어. 잃은 만큼 더 살고 싶어.'라는 마음이 들었어요. 힘든 순간도 많았지만, 과거에 얽매이지 않고 제 인생을 조금씩 사랑하기 시작했습니다.

183

Tomy's Voice

잡초

여러 가지 이유로 힘이 들 때는,
길가의 잡초를 보면 좋습니다.

그들은 많은 햇빛을 받으며, 그저 살기 위해 노력하고 있습니다. 다른 사람과 경쟁하는 것이 아니라, 그냥 세상 속에서 최대한 살아남으려는 것뿐이에요.

사실 이게 삶의 본질입니다. 다른 사람이 어떻게 생각하고 행동하든, 당신이 어떻게 살아가는지에는 관련이 없어요.

184

Tomy's Voice

태도

불만이라는 것은
삶의 한가지 태도일 뿐입니다.

이 세상에 문제는 수도 없이 많고, 문제는 얼마든지 찾아낼 수 있으니까, 당신의 태도가 변하지 않는 한 불만은 사라지지 않아요. 그래서 불만 그 자체를 해결하는 것도 불가능하죠.

"즐길 수 있는 것을 즐기자."라는 태도가 가장 좋습니다.

만화로 보는 Tomy
#7
사랑의 힘으로...
라이벌을 이기고 싶은데
능력 차이로 이길 수 없을 때
사랑의 힘으로 이깁시다
즉, 그것은
오로지 계속하는 거예요
얼마나 재능이 있더라도
그만둘래~
혜성처럼 사라지는 사람은 많아요
그래도 같은 것을 5년, 10년, 30년 동안
계속한 사람은 적어요
사랑을 갖고 오래가면
성과는 나올 거예요

185

Tomy's Voice

힘든 일

힘든 일을 한다고 해서
항상 성장하는 것은 아닙니다.

더 어려운 길을 선택하는 것이 좋다고 생각해서 일부러 힘든 일을 하려는 사람들이 있어요.

하지만 굳이 그렇게 할 필요는 없죠. 우리 인생에는 언젠가 시련이 찾아올 때가 있으니까요. 그때를 대비해서 에너지를 아껴두는 편이 좋습니다. 평소에는 편하게 살아가도 괜찮아요.

186

Tomy's Voice

집중

어른이 되면 고민이 더 많아집니다.
어른들은 현재의 일에
집중하지 못하기 때문이죠.

다른 일을 하고 있다가도 금방 산만해지고 슬며시 다른 생각에 빠져듭니다. 이 생각이 나쁜 방향으로 이어지면, 그렇게 고민이 되는 거죠. 그러니 어린아이처럼 눈앞의 풍경이나 음식, 이야기에 집중하세요. 지금에 몰입하면 편해질 거예요.

187

Tomy's Voice

좋은 기억

나이가 들면
외로움이 늘어난다는 말은
사실입니다.

하지만 그건 사실 경험이 많이 쌓였기 때문에 생겨난 말이기도 합니다. 우리에게는 외로움만큼이나 즐거운 일이나 기쁜 일도 많이 늘어났을 테니까요.

다만, 좋은 일들은 의식하지 않으면 잊힐 수 있으니, 기쁜 일을 항상 마음 한편에 쌓아두는 것도 잊지 마세요.

188

Tomy's Voice

항상

오늘 카페 직원에게
"항상 감사합니다."라는
말을 들었습니다.

가끔 생각날 때 들르는 카페여서 그렇게 친한 관계는 아니었습니다. 하지만 직원이 건네주신 "항상"이라는 말 하나가 저를 완전히 기분 좋게 했습니다.

한 마디의 힘은 정말 큽니다. 특히 사람 간의 유대에 관련된 말은 더욱 그렇죠. 돈도 많이 들지 않고, 큰 노력도 필요하지 않은데도 관계의 평화를 만들어내니까요.

189

Tony's Voice

인내

"인내"라는 것은 사실,
'참아내지 않아도 되는 생각을 가지는 힘'과
'참아내지 않아도 되는 환경을 만드는 힘'입니다.

즉, 인내하지 않은 것이 인내하는 힘이라는 것이죠. 당신이 인내하고 있다고 느낀다면, 결국엔 계속해서 이어 나갈 수 없게 될 것입니다.

하지만 우리는 다양한 방법으로 사고합니다. 진정한 인내는 자기 자신도 참아낸다고 느끼지 않는 상황 속에서 생겨납니다.

190

Tomy's Voice

깊은 생각

살아 있다는 것은
원래 그 자체로 신기한 일입니다.
죽은 후에는 알 수 없는 것이죠.

우리가 어떻게 살아 있는가에 관해 생각하다 보면 점점 더 미궁 속으로 빠집니다. 하지만 중요한 것은 지금 우리가 살아 있고, 우리의 의식도 몸 안에 존재한다는 사실입니다.

깊이 생각하는 사람들은 대체로 금방 지치고, 어려움에 부딪히게 될 것입니다. 그러니 너무 복잡하게 생각하지 않는 게 좋아요. 지금 살아 있다는 사실에만 집중해도 됩니다!

191

Tomy's Voice

선전포고

이상한 소문을 퍼뜨리고 다니는 사람들에게 선전포고하는 방법

상대방에게 "당사자 앞에서 솔직한 의견을 말할 수 있는 사람이 진짜 멋진 사람이지."라는 말을 해 주세요.

이 방법은 나의 의견을 피력해서 여유만만하게 상대를 대처하고 싶은 사람들에게 추천합니다. 직접 전하지 못하는 말이라면 가치가 없다고 말하면 됩니다.

192

Tomy's Voice

벗

벗이 적어도, 아예 없어도 괜찮아요.
이야기를 편하게 나눌 수 있는
벗이 없어도 괜찮고요.

벗을 어떻게 만들어 나갈지는 당신의 자유니까요.

당신이 편안함을 느낀다면, 그것으로 충분합니다.

193

Tomy's Voice

자연스러운 모습

최근에는 누군가에게
좋게 보이고 싶다는 마음이
줄어들었습니다.

자기 모습을 그대로 보여줄 때 오히려 다른 사람들과 원만한 관계를 유지할 수 있습니다. 당신의 본래 모습을 보여줬을 때, 상대방이 당신을 싫어해도 상관없는 일입니다. 본래부터 맞지 않는 관계였던 것이니까요.

누군가에게 좋게 보이고 싶다면, "누군가가 나를 싫어해도 상관없다."라고 생각하는 편이 좋습니다.

194

Tomy's Voice

얼굴

어려운 일을 겪는 사람들은,
대체로 괴로운 표정이 아니라
즐거운 얼굴을 하고 있습니다.

어려움에 부닥친 사람은 즉각적으로 해결할 수 없는 문제를 계속 안고 있더라도 웃고 있죠. 이런 사람들로부터 우리는 용기를 얻을 수 있습니다. 인간은 고생스러운 환경에서도 긍정을 잃지 않는다는 사실을 다시 한번 깨닫게 되니까요.

195

Tomy's Voice

떨쳐냄

약해진 상태에서
무언가에 몰입하는 것이
좋지 않은 이유는……

자아를 잃고 몰입하게 되기 때문입니다. 자신도 모르는 사이에 생각지도 못한 상황에 놓이게 될 수도 있어요. 이게 정말 무서운 점이죠.

그러니 약해진 상태에서는, 무언가 하나에 집중하는 게 아니라 무언가 하나를 놓아버려도 괜찮습니다.

196

Tomy's Voice

유일무이(唯一無二)

우리는 모두
유일한 존재입니다.

당신은 모를 수도 있겠지만, 당신은 누군가에게 교체될 수 없는 존재랍니다. 당연히 이런 말들을 직접 듣는 경우는 별로 없을 거예요.

하지만 어딘가에서는 누군가 "당신이 아니면 안 돼."라는 생각을 하고 있답니다. 인간들은 이런 존재예요. 유일무이한 존재요.

197

Tomy's Voice

선택

무엇을 하고 싶은지 모를 때는,
스트레스가 덜한 선택을 하는 것이 좋습니다.

인생은 장거리 달리기에요. 스퍼트를 내는 것은 확실히 필요한 때만 하면 됩니다. 무의미하게 가쁜 숨을 내쉬지 않는 것이 중요합니다.

198

Tomy's Voice

즐김

지금 하는 일, 그 자체를 즐기세요.
인생을 풍요롭게 하는 비결은
바로 여기에 있습니다.

지금 하는 일을 "수단"으로 생각하지 마세요. 수단이라는 것은 무미건조하고 지루한 것이기 때문입니다.

만약 당신이 여행을 떠난다면, 목적지로 향하는 과정도 여행이에요. 목적지로 이동하는 시간을 수단으로 생각하면, 언제쯤 도착할지, 그동안 어떻게 시간을 보낼지만 고민하다가 아무것도 즐기지 못하게 되니까요.

199

Tomy's Voice

휘둘림

누군가에게 휘둘리는 사람에게.

당신에게는 그 사람을 제외하고도 많은 친구와 지인이 있습니다. 그 사람은 당신의 전부가 아닙니다. 그 사람이 앞으로 당신의 삶에 어떤 영향을 끼칠지는 아무도 모르는 일이니, 상대방에게 맹목적으로 휘둘리지 마세요. 더 넓게 주변을 둘러보는 게 도움이 될 거예요.

200

Tomy's Voice

될 대로

삶이 순탄하게 흘러가더라도,
불안과 불만족이라는 감정은
자연스럽게 사라지지 않습니다.

'이게 잘되지 않으면……'이라는 생각은 당신을 불안하게 만듭니다. 그럴 땐, "될 대로 되겠지."라고 자기에게 이야기해 보세요. 단순한 이 말이, 당신을 조금은 편하게 해 줄 테니까요. 이유는 필요 없어요. 그저 자기 자신에게 말을 걸어보는 것으로 충분합니다.

201

Tomy's Voice

좋은 사람

진짜 좋은 사람은 '사람들에게
좋은 사람으로 여겨지고 싶다.'라는
생각을 하지 않아요.

사실 좋은 사람이 되고 싶다는 것은 자기 자신만을 생각하는 것이거든요. 좋은 사람으로 인식되기를 바라는 사람들은 실제로 좋은 사람들과는 큰 차이가 있어요.

상대방이 사람 그 자체로 좋은 사람인지, 혹은 단지 좋은 사람으로 인식되고 싶어 하는 사람인지를 구분해 보세요.

202

Tomy's Voice

편안하게

자기 자신을 편안하게 만들어주는 방법은 자기에게 질문하는 것입니다.

"지금 나를 괴롭히고 있는 고민이 정말 필요한 걸까? 스스로 피곤한 일을 만들어낸 것은 아닐까?"라고 자신에게 질문해 보세요.

이렇게 되물어보는 습관을 들이는 행동 자체가 당신을 편안하게 해줄 겁니다. 다양한 깨달음도 덤으로 따라올 것이고요.

TOMY의 상담실

저는 아직도 제가 무엇을 하고 싶은지 모르겠어요. 꿈이나 목표도 특별하게 구체적인 것이 없고요. '이것을 하고 싶다.' 라고 빛내며 말하는 사람들이 부러워요. 어떻게 해야 할까요.

_39세, 여성

하고 싶은 일은 처음부터 존재하는 것이 아니에요

일상생활 속에서 갑자기 무언가에 감동할 때가 있을 거예요. 갑자기 "이게 즐거워."라며 열중하고 몰입하는 순간들이 있고요. 꿈과 목표라는 것은 이런 작은 순간이 모여 자라나는 것입니다.

당신은 아직 그런 감정이나 순간을 느껴보지 못한 것일 뿐이에요. 감각을 열어두세요. 그러다 보면 자연스럽게 몰입하고 싶은 것, 몰입할 수 있는 것이 보일 거예요. 그전까지는 꿈과 목표를 찾기 위해 다양한 경험을 쌓아 보면 됩니다.

저도 어릴 때부터 책을 좋아해서 서점에 자주 갔습니다. 작가가 되고 싶다는 꿈이 있었지만, 현실적이지 않다고 생각해서 언젠가부터는 꿈을 의식하지 않게 됐죠. 마음속 깊은 곳에 여전히 도사리고 있던 제 꿈은, 의사가 된 후 블로그와 트위터를 계기로 연결되고 움직이기 시작했습니다.

저는 당신의 마음속에도 아직 꿈과 목표의 씨앗이 쌓여 있다고 생각합니다. 당신은 그저 아직 인식하지 못했을 뿐일지도 몰라요.

203

Tomy's Voice

멈춤

지치거나 피곤한 상태에서는
'조금 더 해야지.'라는 생각을
멈추는 게 좋습니다.

사람은 끝을 빠르게 맺고 싶어 하는 경향이 있기 때문에, '조금 더 해야지.'라는 태도를 가지고 있습니다.

하지만 지친 상태에서 무언가를 지나치게 하는 일은 당신을 더욱 피곤하게 만들어요. 그러니 '조금 더 해야지.'라는 생각은 그만하는 게 좋아요.

204

Tomy's Voice

스트레스

스트레스를 다룰 때는
스트레스의 강도뿐만 아니라
지속성 또한 중요하게 생각해야 합니다.

작은 스트레스라도 오래 하면 큰 상처를 입을 수 있거든요. 사람들은 큰 스트레스에만 주목하지만, 오래 지속되는 작은 스트레스를 관리하는 게 중요하답니다. 작은 스트레스를 제대로 통제할 줄 알아야 진정으로 편해지니까요.

205

Tony's Voice

창피함

옛날 일을 되돌아보면
부끄러워지는 순간들이 있지 않나요?

괜찮아요, 누구에게나 그런 순간들이 있으니까요. 게다가, 그 순간을 떠올렸을 때 부끄러움을 느낀다면 당신은 창피함을 느낄만한 사람도 아니고요. 부끄러움을 깨닫지 못하는 사람이야말로 부끄러워해야죠.

206

Tomy's Voice

쉼

누구에게나 실패한 것처럼
느껴지는 시기가 있습니다.

어떤 사람은 빨리, 또 어떤 사람은 늦게 그 시기를 겪죠. 하지만 이 시기에 느끼는 힘듦과 좌절감은 정말 소중한 것이랍니다. 이 고통의 시간은 마치 휴게실에서의 쉼 같은 것이기도 하니까, 언젠가는 이 어려움도 이겨내고 더 힘찬 모습으로 나아갈 수 있다며 생각하고 버텨보세요. 휴게실에서 지내는 시간과 떠올리는 고민도 모두 인생의 한가지 배움이랍니다.

207

Tomy's Voice

다가감

고독에서 오는 불안감은
타인을 돌보는 일을 통해
해소될 수 있습니다.

고독의 본질은 "상대방이 사라질지도 모른다."라는 불안감이에요. 고독을 느낄 때는, 당신이 스스로 누군가의 사라지지 않는 상대방이 되어준다고 생각하는 것도 좋아요. 상대방이 당신을 찾아오기를 기다리는 것보다는 당신이 상대방에게 찾아가는 것이죠.

수동적인 자세는 당신의 불안감을 더 키울 거예요.

208

Tomy's Voice

의식

삶의 방식이나 성격은
바로 변화되는 것도 있지만,
한 번에 바뀌기 쉽지 않은 것도 많습니다.

하지만 '언젠가 이렇게 되고 싶다.'라고 긍정적으로 의식하는 것과 '그런 건 불가능해.'라고 부정적으로 생각하는 것은 전혀 다르답니다.

의식만으로도 조금씩 자기를 바꿔나갈 수 있으니까요. 의식이 적재적소에 잘 쌓이면 언젠간 큰 변화가 일어납니다.

209

Tomy's Voice

뛰어난 사람

어떤 분야에든, 언제나 더 뛰어난
사람이 존재하기 마련입니다.

우수한 사람에게도 그 사람보다 더 우수한 사람이 존재하니까요. 하지만 그렇다고 해서 모든 사람이 더 우수한 사람에게 항상 열등감을 느끼는 것은 아닙니다. 우수한 사람들을 너무 부러워한다면 상심이 클 수 있습니다.

중요한 것은 당신의 위에 존재하는 사람을 우러러보는 것이 아니라, 시야를 넓혀 당신의 목표를 바라보는 것입니다.

210

Tomy's Voice

그대로

싫은 일에서 도망가는 것도
에너지가 필요한 일입니다.
피곤한 일이죠.

하지만 싫은 일에 온 힘을 다해 대면하는 것도 상당히 피곤한 일입니다. 그럴 땐 그냥 놔두면 어떨까요?

좋아하는 일도 있고, 싫어하는 일도 있는 거죠. 그냥 그대로 두어도 괜찮아요.

211

Tomy's Voice

인생계단

인생은 우리가 실제로
살아가는 장소입니다.

단순히 머릿속에서 생각만 하는 곳이 아니고요. 그러니 고민하거나 불안해하거나 후회한다면, 좋다고 생각하는 것들을 먼저 차례로 실천해서 나가면 돼요. 무언가를 직접 해나가면 머릿속의 불필요한 생각이 줄어들 테니까요. 게다가, 생각하는 것만큼 인생이 길지도 않습니다.

212

Tomy's Voice

인식

인간관계에 있어서 고민은 수도 없이 다양합니다.

하지만 언제나 궁극적인 요지는, "다른 사람들은 존재하지 않는다."라는 거예요. 자기 자신은 실제로 존재하는 것이지만, 타인의 존재는 당신의 뇌가 인식하고 있는 것일 뿐이거든요.

그러니 인간관계의 고민은 어떤 면에서는 곧 자기 자신과의 싸움인 거죠. 인간관계가 힘들다면 상대방의 존재를 아주 희미하게 인식하는 게 좋습니다.

213

Tomy's Voice

동조

'나 너무 힘들어.'라는
생각만 하는 사람에게는
가까이 다가가지 않는 편이 좋습니다.

이런 사람들은 대부분 말이 통하지 않고, 당신의 공감만을 요구하기 때문이죠. 특히, 이런 사람들은 당신에게 공격적인 말을 할 수도 있습니다.

그러니 이런 사람을 만났다면, 상대방이 차분하게 여러 상황을 고려할 수 있을 때까지 지켜본 후에 다가가는 게 좋습니다.

214

Tomy's Voice

의지

부유한 사람이든, 성공한 사람이든,
행복하게 살기 위해서는 노력해야 해요.

마찬가지로 부유하지 않고, 성공하지 못한 사람이라도, 행복하게 살고자 하면 충분히 행복해질 수 있습니다.

행복은 당신의 의지와 행동에 달려 있어요.

215

Tomy's Voice

쉼표

마침표를 찍고 싶다면,
먼저 쉼표부터 찍어보는 것은 어떨까요?

쉼표로 먼저 문장을 구분한 후에는, 앞 문장과 전혀 다른 내용의 문장을 써 볼 수도 있는 거니까요.

마침표는 한 번밖에 못 찍지만, 쉼표는 몇 개라도 찍을 수 있습니다.

216

Tomy's Voice

흘림

타인의 인생을 누구라도
쉽게 부정할 수는 없습니다.

누구에게나 좋지 않은 시기는 찾아옵니다. 이 보편적인 사실을 이해하지 못하는 사람은 정말 어리석은 거죠.

그러니 누군가 당신의 인생을 부정한다고 해도 어리석다고 생각하고 그냥 흘려보내 주세요.

217

Tomy's Voice

불만

불만을 가지는 것은
사실 손해를 보는 것입니다.

왜냐하면 아무리 불만을 품어도 현실의 상황은 변하지 않으니까요. 그러니 바꿀 수 있는 것만 바꾸고, 바꿀 수 없는 것은 마음을 열고 흘려보내세요. 그리고 불만스러운 얼굴을 깨끗이 씻어 웃음을 지어 보이면 됩니다. 불만 가득한 얼굴보다 얼마나 멋진 모습인가요.

218

Tomy's Voice

목표

인생에 목표가 있다고
생각하는 것은
오산입니다.

'현재'라는 지점이 끊임없이 이어져가는 게 인생입니다. 존재하지도 않는 목표에 자기를 구속하고, 과도한 압박을 주고, 마음대로 밀어붙이지 마세요. 자유롭게 현재를 느끼며 나아가면 됩니다.

219

Tomy's Voice

가치

언제나 '나는 지금 인생의
일부분을 이 일에 소비하고 있다.'라는
인식을 갖는 게 좋습니다.

돈과는 다르게 시간은 늘릴 수 없죠. 시간은 일정한 속도로 반드시 소비되는 것이에요. 멍하게 앉아 있어도, 놀아도, 일해도 괜찮아요. 단지 당신이 인생의 일부분을 그렇게 쓰는 게 가치가 있다고 생각한다면요.

220

Tomy's Voice

마음

자신의 마음에는
거짓말을 하지 마세요.

적어도 당신 스스로만큼은 당신의 편에 서야 하기 때문입니다. 자신에게 거짓말하는 습관이 생긴다면, 스스로조차도 자신의 편에 설 수 없게 될 거예요.

당신의 마음은 당신만의 것이고, 무엇을 생각하든, 무엇을 느끼든, 부끄러워할 필요는 없어요.

221

Tomy's Voice

잠과 밥

솔직히 말해서 밤에 잘 자고,
맛있는 밥을 먹으면
뭐든지 괜찮아질 겁니다.

저는 스트레스를 받으면 이 두 가지로 해결합니다. 푹 자고, 맛있게 밥 먹기.

혹시 잠이 잘 안 온다면, 그때는 정신과 진료를 받아봐도 괜찮습니다.

만화로 보는 Tomy
#8
약간의 스트레스는...
약간의 스트레스는
누름돌 같은 거예요
이게 없으면 좋은
느낌으로 사람이
숙성되지 않아요
그렇다고
너무
무거우면
통이
부서져
버려요
스트레스는
없애는 게
아니라
빤~히
두근
두근
적당한
상태의
GOOD!
휴
무게를
조정하는 게
좋아요

| 마치며 |

지금까지 읽어본 "지극히 짧고도 사소한 인생 잠언"은 어땠나요? 조금이라도 기분이 밝아졌나요? 제가 드린 말씀은 모두 두 가지에서 기원합니다.

하나는 일상적으로 상담한 진료들입니다. 환자들은 질병 치료뿐만 아니라 일상적인 고민을 안고 살아가고 있었죠. 그리고 그것이 질병에도 영향을 미쳤고요. 저는 진료 중 일상적인 대화에 보이는 이야기들 속에서 "아, 이런 생각은 어떨까?"라며 여러 가지 해결책을 떠올립니다.

다른 하나는 저의 경험입니다. 저에게 30대는 큰 전환점이 있었습니다. 아버지를 잃은 것에 이어, 7년 반 동안 함께 해온 파트너를 잃었죠. 일에도 큰 변화가 있어 모든 문제를 혼자 해결해야 했고요. 저는 내면에서 발생하는 문제들 또한 스스로 해결해야 했습니다.

다행히도 저에게는 이상한 특기가 있었습니다. 고민이 될 때는 "이럴 때는 이렇게 생각하세요."라는 내레이션이

번쩍 떠오르는 것이죠. 이렇게 제게 도움이 된 생각들을 저를 찾아온 환자에게 전했고, 진료 중 떠오르는 생각들을 제게 다시 적용합니다. 이런 두 가지 방식이 얽히고설켜 저만의 새로운 철학 같은 것이 태어난 것이죠.

인생은 언젠가는 끝납니다. 자신의 마음은 자신만이 이해할 수 있습니다. 이것은 누구에게나 해당하는 내용이죠. 저는 모든 사람이 보편적으로 안고 있는 문제들을 더욱 쉽게 극복할 수 있기를 바랍니다. 모든 사람이 "살아가는" 진정한 훌륭함을 맛볼 수 있다면 더 기쁜 일은 없을 거예요.

마지막으로, 이 책을 세상에 내놓게 된 계기를 제공해 준 여러분께 감사의 말씀을 전하며, 이 책을 지금 손에 들고 계신 독자 여러분에게도 진심으로 감사드립니다.

여러분의 삶이 더 빛나는 것이 되기를 기원합니다.

마흔, 후회 없는 삶을 위한 처방

자극히 짧고도 사소한 인생 잠언

초판 1쇄 발행 2024년 2월 26일

지은이 | **정신과 의사 토미**
기획 편집 총괄 | **호혜정**
편집 | **김민아**
기획 | **김수하**
번역 | **이선미**
디자인 | **이선영**
교정교열 | **호혜정 유승현**
마케팅 | **이지영 김경민**
펴낸곳 | **리텍 콘텐츠**
주소 | **서울시 용산구 원효로 162 세원빌딩 606호**
이메일 | **ritec1@naver.com**
홈페이지 | **http://www.ritec.co.kr**
ISBN | **979-11-86151-67-9 (03190)**